U0947996

定模式赢天下

赵国锋 著

中国财富出版社

图书在版编目（CIP）数据

定模式　赢天下／赵国锋著．—北京：中国财富出版社，2014.3
（华夏智库·金牌培训师书系）
ISBN 978－7－5047－5115－7

Ⅰ.①定…　Ⅱ.①赵…　Ⅲ.①企业管理—商业模式—研究
Ⅳ.①F270

中国版本图书馆 CIP 数据核字（2014）第 019329 号

策划编辑	丰　虹	**责任印制**	方朋远
责任编辑	周　南　姜莉君	**责任校对**	梁　凡

出版发行	中国财富出版社		
社　　址	北京市丰台区南四环西路 188 号 5 区 20 楼	**邮政编码**	100070
电　　话	010－52227568（发行部）		010－52227588 转 307（总编室）
	010－68589540（读者服务部）		010－52227588 转 305（质检部）
网　　址	http：//www.cfpress.com.cn		
经　　销	新华书店		
印　　刷	北京京都六环印刷厂		
书　　号	ISBN 978－7－5047－5115－7/F·2085		
开　　本	710mm×1000mm　1/16	**版　　次**	2014 年 3 月第 1 版
印　　张	14	**印　　次**	2014 年 3 月第 1 次印刷
字　　数	176 千字	**定　　价**	35.00 元

系统比努力更重要——商业模式的力量

管理大师德鲁克说："当今企业间的竞争，不是产品间的竞争，而是商业模式间的竞争。"随着这句话在中国的流行，商业模式也在中国流行起来，并被越来越多的企业家所看重。

有一位年轻的企业老板，在他38岁的时候，企业就实现了集团化。这位老板每天都乘坐着飞机、汽车、火车等交通工具往返于各个城市之间，员工很少能见到他的身影，可谓日理万机。

随着集团业务的增多，老板发现，企业的宣传成本很大，于是就收购了一家媒体。然后，他每年都会投入上百万元来经营这家媒体，偶尔也会因此造成资金紧张问题。员工们私底下都认为，这家媒体就是吃钱的机器，不但没有给企业带来利润，每年还要消耗集团上百万元的收入。可是老板却不这样认为。

在一次会上，老板将这家媒体存在的价值和理由告诉了大家，员工们才恍然大悟。当时，集团上马了两个大项目，需要媒体做宣传。就这样，用大项目养媒体，以媒体为辅助来支持项目。老板为自己"发现"了这种商业模式感到自豪！而且集团下的一些子公司的产品也经过媒体的宣传取得了很好的效益。

通俗地说，商业模式就是企业的赚钱模式。不同的企业有不同的赚钱模式，如果正在使用的商业模式能让你的企业赚钱，能让你用最少的投入创造最大的利润，这样的商业模式就是最适合你的，对企业来说就是最好的。

企业的商业模式是经过长时间的发展摸索出来的，定然是适合自身发展需要的。正确使用商业模式，会给企业带来事半功倍的效果。今天，越来越多的企业意识到了商业模式的重要性，都在想办法实现模式的创新。可是，绝大多数的企业却找不到出路。

为了帮各企业找到适合自己的商业模式，我们特意编写了《定模式 赢天下》一书。在本书中，我们从战略、品牌、营销、服务等各方面分析了创新的重要性，提供了很多实用有效的方法。为了便于读者理解，我们使用了通俗易懂的语言；同时，书中还介绍了很多商业模式成功的企业案例。不论你是企业的管理者，还是企业的老板，都可以将这本书放在自己的枕边，闲暇之余翻来看看，一定会对你有所启示。

本书能在较短的时间内出版，真诚感谢秦富洋、陈德云、杨勇、孙许青、陈宁华、蒋志操、王咏、王奇珍、王军生、赵国星、江晓兴、吴波、刘星、陈春东、李高朋、李志起等人在制图、文字修改以及图书推广宣传方面的协助。

作 者

2013 年 11 月

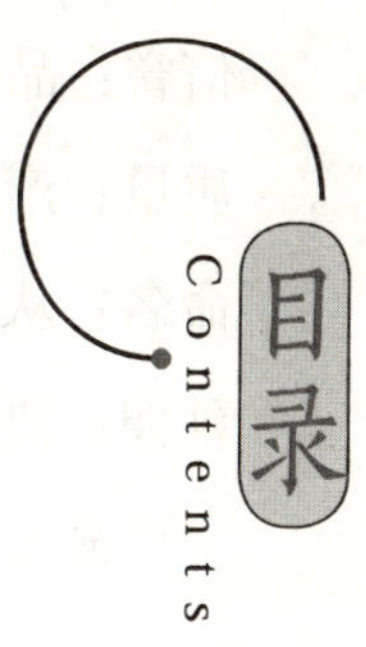
目录
Contents

第一章
透视商业模式
——模式决定企业赢利能力

揭开商业模式的神秘面纱

在企业发展的过程中，首先都会考虑赢利的问题。企业如何实现赢利？企业经营之路该怎么走？创新商业模式！在企业所有的创新内容中，商业模式的创新是最基本的。从某种意义上来说，离开了商业模式的创新，管理创新、技术创新也就失去了可能。

在我们身边，所有成功的大企业都是从小企业一步步发展起来的，在这个过程中都离不开成功的商业模式。比如，沃尔玛最初是开杂货店的，可口可乐最初是卖汽水的，微软开始时是卖软件的，国美刚开始的时候仅仅是个电器店……可就是这些普通的行业成就了今天的大企业。这就告诉我们，不管是高科技行业，还是低科技行业，你都有可能成功，关键就在于找到成功的商业模式，并把商业模式的赢利能力快速发挥到极致。

2007 年 7 月，凡客诚品公司成立，主营业务是通过互联网和目录直接销售服装。凡客最初仅销售标准版经典款男装，可是现在不仅销售男装，还销售童装、女装、箱包、家居、化妆品等。凡客诚品第一年网上销售就实现了 3 亿元的利润，这个成绩是非常优秀的。今天，凡客诚品每天的订单都会超过上万件，每天的营业额已经超过 200 万元，这样的成长速度是惊人的。

凭借良好的商业模式、优秀的运作团队和快速的增长趋势，在正式运营的第一年，凡客诚品就完成了 3 轮融资，融资规模达到 3000 万美元。

为什么凡客诚品能够在电子商务领域异军突起？主要原因就在于，它建立了更为完善的商业模式。凡客诚品对服装进行了重新定义，找到精准目标客户群——“懒男人”之后进行了渗透突破。

其实，这里的“懒男人”并不是贬义词，主要是说，在过去，很多男性顾客购买服装的时候只能选择去百货商场，他们觉得这样很麻烦，一进百货商场就头皮发麻，恨不得抓件衣服就往外逃跑。凡客诚品就满足了这些人的要求。

在凡客诚品网站上，男性顾客可以查看产品目录，选中自己心仪的服装后，可以通过电话呼叫中心将自己的要求告诉对方，很快凡客诚品就会将服装送到男性顾客的手上。这样，男性顾客就可以在足不出户的情况下购买服装了。在前期，凡客诚品选择男性市场切入，让它取得了初步成功。

2009 年夏天，凡客诚品强势切入女性网购服装市场。为了引起顾客的注意，凡客诚品推出了一种革命性产品——内衣外衣一体化，穿一件衣服内衣外衣都解决了，每件才卖 59 元。经过一段时间的市场培育以后，女性顾客也成了凡客诚品新兴的庞大客户群体。

凡客诚品改变了服装消费的模式。过去顾客买一件衬衣，往往要穿两年甚至更长的时间，但是凡客诚品却跟客户说：衬衣、T 恤是快速消费品，要快速消费；衣服不应该一次买一件，最好一次买5件，每天换一件。当凡客将服装定位为“快速消费品”后，单件的衣服价格就比较低了，“重复购买”就这样实现了。

凡客诚品不仅实现了让客户不断重复购买，还在客户体验上取得了重大突破，这也是凡客诚品网络销售得以成功的一个原因。比如，凡客诚品推出了“货到试穿”的服务举措，客户不用在订货时付钱，可以确实满意了再付钱。

“货到试穿”服务的推出，很快就得到了消费者的满意和认可。这样的服务非常有创造性，充分满足了客户内心的愿望与需求，也树立了相当高的竞争门槛，让后来者进退两难。

那么，究竟什么是商业模式呢？所谓商业模式，也就是说公司用来赚钱的途径和方法。比如，饮料公司是通过卖饮料来赚钱的，快递公司是通过送快递来赚钱的，网络公司是通过点击率来赚钱的，通信公司是通过收话费来赚钱的，超市是通过平台和仓储来赚钱的……只要有赚钱的地方，就存在一定的商业模式。

一个企业，有一个好的商业模式，也就等于成功了一半，商业模式的重要性由此可见一斑。那么，如何造就出一个好的商业模式呢？

1. 做好自己的价值定位

在选择商业模式的时候，企业要做好自己的价值定位，必须清楚地定义目标客户、客户的问题和痛点、独特的解决方案；同时，还要知道，从客户的角度来看，这种解决方案的净效益是多少。

2. 确定自己的目标市场

选择商业模式的时候，要想想，企业的产品和服务面对的是哪个客户群。

企业要对这个细分市场做好具体的人数统计，同时还要确定购买产品的方式。

3. 做好销售和营销

在做销售的时候，要明确这样一个问题：如何接触到客户？

可以采用的方式有很多，如口头演讲和病毒式营销等；同时，还要将销售渠道和营销提案做得具体一些。

4. 明确企业的产品和服务

选择商业模式的时候要问一问，企业是如何做产品或服务的？比如，是家庭制作、外包，还是直接买现成的部件？其中，最重要的就是要了解进入市场所需的时间和成本。

5. 采用正确的方法进行分销

在销售产品或服务的时候，要采用正确的分销方式，比如，有些产品和服务可以在网上销售，有些产品需要多层次的分销商、合作伙伴和增值零售商。同时，在选择商业模式的时候，企业要规划好自己的产品是只在当地销售，还是在全国或全球范围内销售。

6. 了解自己的收入模式

在制定商业模式的时候，要明确自己是如何赚钱的。不仅要向自己和投资人解释清楚如何定价，还要让他们明白收入现金流是否会满足所有的花费，包括日常开支、售后支持费用和回报等。

7. 明确自己的成本结构

在选择商业模式的时候，不能只关注直接成本，更不能低估营销和销售成本、日常开支和售后成本。在计算成本时，可以把预估的成本与同类公司发布出来的报告进行对比。

8. 对竞争者多一些了解

没有竞争者很可能意味着没有市场，有 10 个以上的竞争者表明市场已经饱和。在选择商业模式的时候，要考虑这个问题。

9. 制定可行的销售方案

要使自己的产品或服务与众不同，在选择商业模式的时候，就要让企业有一种可持续的竞争优势，如短期打折或促销。

10. 明确市场大小、增长情况

要明确这些问题：创业公司产品的市场有多大？是在增长还是在缩小？能获得多少份额？

一个可行、有投资价值的商业模式是企业在商业计划书中强调的首要内容之一。其实，没有商业模式的创新，企业是无法取得成功的。

上述十个方面，都是商业模式创新的着眼点。要想创造出有利于企业发展的商业模式，至少要做到其中的七点。

商业模式的两个特征和两种类型

1. 商业模式的两个特征

通常来说，商业模式具有以下两个特征：

（1）商业模式是一个整体的、系统的概念，而不是一个单一的组成因素。比如，收入模式、向客户提供的价值、组织架构等，都是商业模式的重要组成部分，但并不是全部。

（2）商业模式的各个组成部分之间是有一定的内在联系的。正是这种内在联系把各个组成部分有机地联系了起来，它们之间互相支持、共同作用，形成一个良性循环。

2. 商业模式的两种类型

通常来说，可以把商业模式分为以下两大类：

（1）运营性商业模式

运营性商业模式创造了企业的核心优势、能力、关系和知识，主要解决的是企业与环境的互动关系，包括与产业价值链环节的互动关系。这种商业模式主要包含以下内容：

①产业价值链定位

在定位产品价值链的时候，企业要明确这样几个问题：企业处于什么样的产业链条中？在这个链条中，企业处于什么地位？结合自身的资源条件和发展战略，企业该如何定位？

②赢利模式设计

在设计赢利模式的时候，企业要明确这样一些问题：企业是从哪里获得收入的？获得收入的形式有哪几种？这些收入是以怎样的形式和比例在产业链中进行分配的？企业对这样的分配是否有话语权？

（2）策略性商业模式

策略性商业模式是对运营性商业模式的扩展和利用，这种商业模式涉及企业生产经营的各个方面：

①业务模式

企业向客户提供什么样的价值和利益，比如品牌、产品等。

②渠道模式

企业如何向客户传递业务和价值，比如渠道倍增、渠道集中（压缩）等。

③组织模式

企业如何建立先进的管理控制模型，比如建立面向客户的组织结构、通过企业信息系统构建数字化组织等。

每一种新的商业模式的出现，都代表了一种创新、一个新商机的出现，谁能率先把握住这种商业机遇，谁就能在商业竞争中取得胜利。

企业的商业模式具有偶然性和广阔的衍生性。在企业创办过程中的每一个环节，都会出现多种创新形式，其中的一个创新也许就能改变企业的整个经营模式。

商业模式创新比技术创新更重要

今天，在竞争激励的环境下，利润变得日益稀薄，许多企业都开始寻找新的出路。有些企业选择了技术创新，有些企业选择了商业模式创新，那么究竟哪种创新更能给企业带来实惠呢？在中国，商业模式的创新，显然比技术创新更重要。

中国，存在一个庞大而低端的消费市场，目前这个市场还没有达到饱和，没有被普通消费者享受到的产品还有很多。在短期内，国民的收入不会发生大变化，因此绝大多数的消费者会倾向于购买低端消费品。这时候，发现新的需求，创造新的需求模式，就显得尤为重要了。

面对成功者，很多人都会表露出羡慕之情。但是，成功不能复制。2005 年，很多人对阿里巴巴并购雅虎中国表示羡慕，其实早在几年之前，阿里巴巴还不过是一个婴儿，可是短短几年后，它却成了 IT 界的巨子。

当年，在大家都在搞互联网的时候，只有搜狐、新浪等门户网站赚了大钱；等到大家都去搞门户的时候，互联网却出现了停滞，而做 B2B 的阿里巴巴却赚了大钱；等大家都去做电子商务的时候，陈天桥却靠搞游戏发财了。这些人之所以会发财，关键在于选择了和别人不一样的道路。

其实，不仅在 IT 行业，在其他各个领域也出现了新的商业模式，比如，如家改变了传统的酒店模式，推出了连锁和简化酒店功能的新型商业模式，获得了商务人士的广泛推崇；分众传媒，不仅“发现”了楼宇广告，还开创了户外媒介传播的新方式……这些鲜活的例子告诉我们，要想实现商业模式的改变，就要不断发现新的需求，对各种商业元素进行融合。

未来具有不可预知性！只有具有异常商业嗅觉的人才能把握商机，迅速崛起。从这个意义上来说，新的商业模式往往是由新势力创造的，而并不是由相近领域的传统势力创造的。

在竞争日益激烈的今天，新的商业模式定然会纷至沓来，这也正是商业社会的魅力所在。也许在未来的某一天，从一个不知名的角落里，就会崛起一个巨大的商业帝国。

商业模式的核心原则

所谓商业模式的核心原则，指的是商业模式的内涵、特性，是对商业模式定义的延展和丰富，是成功商业模式必须具备的属性。

企业能否持续赢利，是判断其商业模式是否成功的唯一的外在标准。持续赢利是对一个企业是否具有可持续发展能力的最有效的考量标准，赢利模式越隐蔽，越会产生意料之外的效果。从某种意义上来说，成功的商业模式是对某一个环节的改造，是对原有模式的重组创新，甚至是对整个游戏规则的颠覆。

商业模式的核心原则主要包括客户价值最大化原则、持续赢利原则、资源整合原则、融资有效性原则、组织管理高效率原则、创新原则、风险控制原则和合理避税原则等。

1. 客户价值最大化原则

商业模式能否持续赢利，与该模式能否使客户价值最大化有着密切的关系。一个不能满足客户价值的商业模式，即使出现了赢利也只是暂时的、偶然的，不是持续的。反之，一个能使客户价值最大化的商业模式，即使暂时没有获得赢利，最终也会走向赢利。

因此，在选择商业模式的时候，要把对客户价值的实现再实现、满足再满足当做企业始终追求的目标。

2. 持续赢利原则

企业能否持续赢利是判断其商业模式是否成功的唯一的外在标准。因此，在设计商业模式的时候，一定要考虑如何赢利和如何持续赢利的问题。

也就是说，不仅要“赢利”，还要有发展后劲，具有可持续性，而不是一时的偶然赢利。当然，这里指的是在阳光下的持续赢利。

3. 资源整合原则

所谓资源整合，就是要优化资源配置，有进有退、有取有舍，获得整体的最优。

从战略上来看，资源整合是一种系统论的思维方式，通过不断协调，不仅可以把企业内部彼此相关但分离的职能整合到一起，也能把企业外部既参与共同使命又拥有独立经济利益的合作伙伴整合为一体，为客户提供服务，获得 1 +1 >2 的效果。

选择商业模式的时候，就要优化配置资源，要根据企业的发展

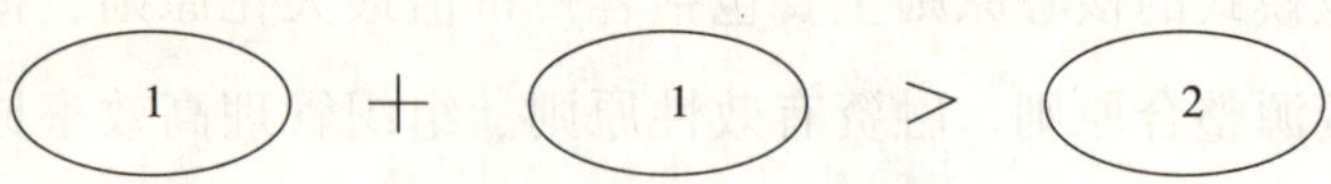

战略和市场需求对有关的资源进行重新配置，显示出企业的核心竞争力，找到资源配置与客户需求的最佳结合点，以此来增强企业的竞争优势，提高企业的客户服务水平。

4. 创新原则

成功的商业模式不是技术上的突破，而是对某一个环节的改造，是对原有模式的重组、创新，是对整个游戏规则的颠覆。

> 在经营企业的过程中，商业模式比高技术更重要，因为前者是企业立足的先决条件。
>
> ——迈克尔·恩（时代华纳前首席执行官）

在企业的整个经营过程中，都贯穿着商业模式的创新。不管是在研发模式、制造方式，还是在营销体系、市场流通等各个环节中，任何一个环节上的创新都可能造就一种成功的商业模式。

5. 融资有效原则

打造一个新的融资模式，对企业有着特殊的意义，对中国广大的中小企业来说更是如此。不管是生存还是发展，企业都需要资金，企业的快速成长更需要资金。

今天，资金不足已经成为所有企业发展过程中经常出现的一个障碍。谁能将资金问题解决掉，谁就能赢得发展的先机，谁就可以掌握市场的主动权。大量事实告诉我们，不管其对外阐述的成功理由是什么，都不能回避和掩盖资金对企业成功的重要作用。

很多企业之所以会失败，就是因为没有建立有效的融资模式，比如，巨人集团之所以会轰然倒下，仅仅是因为近千万元的资金缺口而已；与国美不相上下的国通电器，曾经拥有过30多亿元的销售额，最后却栽在了几百万元的资金缺口上。

由此可见，融资模式对于商业模式的设计来说是很重要的一环。甚至还可以说，一个企业能够融到资、能够采用正确的商业模式，就等于成功了一半。

6. 组织管理高效率原则

决定企业是否有赢利能力的因素是——效率！

任何一个管理者都希望自己的企业运作是高效的，有些企业甚至还将高效率作为管理模式追求的最高目标。企业要想实现高效率的运行，首先要解决的是企业的愿景、使命和核心价值观问题，这是企业生存、成长的动力，也是员工工作积极主动的重要理由。其次，要有一套科学实用的运营和管理系统，来解决系统的协同、计划、组织和约束等问题。最后，要有科学的奖励激励方案，让员工一起来分享企业的成长果实。

只有把这三个主要问题都一一解决好了，企业的管理才是有效的。在我们身边，万科、联想、华润、海尔等大公司，在管理模式的建立上都有其过人之处，值得我们学习。

7. 风险控制原则

不管你设计的商业模式多么好，如果抵御风险的能力很差，也会在不经意间轰然倒塌。这里的风险，不仅包括系统外的风险，如政策、法律和行业风险；也包括系统内的风险，如产品的变化、人员的变更、资金链的断裂等。

8. 合理避税原则

这里的合理避税，指的不是逃税。所谓合理避税，就是在现行的制度、法律框架内，合理地利用有关政策，设计一套有利于政策利用的体系。事实证明，如果合理避税做得好，也能大大增加企业的赢利能力，这一点一定要重视起来。

沃尔玛百货有限公司是由山姆·沃尔顿先生于1962年在美国阿肯色州成立的。今天，沃尔玛百货有限公司已经成为世界上最大的连锁零售商。

目前，沃尔玛已经在全球开设了超过5000家商场，每周光临沃尔玛的顾客近一亿四千万人次。2004年沃尔玛全球的销售额达到2852亿美元，连续多年荣登《财富》杂志世界500强企业和“最受尊敬企业”排行榜。

沃尔玛所从事的是传统零售业，从交易形式上看没有什么特别之处，可是它却能将传统的零售业做到全世界，其成功之道就在于选择了适合自己的商业模式——能够为顾客节省每一分钱，能够给顾客提供最实惠的商品。

1. 销售毛利，团体会员

沃尔玛的成功，很大程度上归功于它的低价策略，特别是一直坚持的“天天低价”法则。

1962年山姆创立第一家连锁店时，靠的就是薄利多销。当年，山姆对其商店顾客的定位是中下阶层，主要经营服装、饮食以及各种日常用品，以低于别家商店的价格出售，因而吸引了众多顾客；后来，虽然连锁店越开越多，但“天天低价”的承诺始终没有变。

"女裤理论"就是对沃尔玛营销策略的最好阐释：女裤的进价每条0.8美元，售价1.2美元。如果降到每条1美元，虽然会少赚一半的钱，但却能卖出3倍的货，从而增加1/3的利润。

沃尔玛倡导的是低成本、低费用、低价格，让利给消费者，那么其利润来源到底在哪里呢？沃尔玛是实行会员制的仓储式商场，其宽松的会员制受到了个体消费者的欢迎。他们的会员制与其他的会员制不同，在这里办卡不需要交费，只要满足以下三个条件之一即可：

- 只要你认同接受沃尔玛的经营模式，沃尔玛就会发放会员卡给你
- 如果你只是临时来店里，办理一张临时卡只需要两元钱
- 如果多次购买达到了一定的数量，就会成为沃尔玛的目标客户

办理会员卡条件的宽松，使得沃尔玛吸引了大批个人消费者竞相加入会员的行列。

除此之外，沃尔玛还通过商店、购物广场、山姆会员商店、社区店组合，锁定了消费者和利润。

2. 商品组合

沃尔玛在选择经营商品品种的时候，主要以销售量大、周转速度快、购买频次多的中档商品为主，适度兼顾高低档商品。商品销售量大、周转速度快是沃尔玛经营利润来源的前提条件，因为沃尔玛在商品销售中利润率很低，利润来源主要依赖于向生产厂家收取的商品上架费、商品折扣、年底所退佣金及资金

占用费等所取得的收益。

沃尔玛在商品组合上采取“二八原则”，即用20%的主力消费产品创造80%的销售额，根据零售业态的不同形式采取不同的商品组合。例如，山姆会员店向消费者提供“一站式购物”服务，商品种类齐全，且50%以上商品为食品类，家居商店品种在8万种左右；购物广场的商品结构则窄而深，主要是日用生活品。

3. 账期理财

沃尔玛始终贯彻“从供应商那里为顾客争取利益”的采购原则。

（1）对供应商进行资质认证

在和供应商进行合作之前，他们会对供应商的生产规模、资金实力、技术条件、产品质量、资信状况、付款要求、供货及时性等方面进行全面考察，初步确定目标供应商的选择范围。

（2）采购业务洽谈

在采购业务洽谈过程中，沃尔玛采取规范化、标准化的谈判业务程序。一是谈判地点统一化。与供应商谈判的时候全部都是在沃尔玛公司洽谈室，一方面作为谈判主战场，对公司谈判有利；另一方面可以增加谈判的透明度，规避商务谈判风险，防止业务员的投机主义行为。二是谈判内容标准化。沃尔玛通常都是严格按照公司规定的《产品采购谈判格式》要求进行谈判的，内容会涉及方方面面，如商品属性、产品质量、包装要求、采购数量、批次、交货时间和地点、价格折扣、付款要求、退货方式、退货数量、退货费用分摊、产品促销配合、促销费用分摊等。

(3) 对供应商实行战略合作伙伴式的运行模式

沃尔玛把供应商的生产成本、技术研发、管理费用等统统纳入到沃尔玛公司的管理体系中。通过计算机数据库，把沃尔玛的商品库存信息、销售信息、产品价格信息、客户反馈信息、内部经营计划信息等与供应商进行共享，有效降低外部市场的交易成本，保证产品质量和创新的速度。

沃尔玛公司与生产企业直接挂钩，集中采购、配送，既减少了中间环节，又降低了进货成本。因此，沃尔玛购物广场销售的商品，比其他商店的同类商品一般要便宜10%左右。

在供应商把商品送到配送中心后，公司的检验部门还要运用多种技术手段，对商品质量进行严格检验，有效防止假冒伪劣商品进入商店。

4. 商业地产

沃尔玛在选择店址的时候，不会追求廉价地租，他们会将土地使用权购买过来。沃尔玛认为，虽然一次性投资较大，看起来是增大了成本，实际上对于投资商更为有利：一次性投资完毕后，不仅节省了今后每年的土地租金，还省去了今后再投资的费用。

沃尔玛选址的地点通常都是发展中国家的大中城市，选择的地段都是很有发展前途的。如果采用租地的方式，每年都要谈判租金，这必然会耗费相当的人力、物力、财力；而买地投资，只要一次谈判，不仅会节省大量的人力物力，而且一旦地价升值，就会增加固定资产，降低经营成本。即使沃尔玛将来不在此地开店，仅依靠土地出让的手段，也不会亏本。

5. 物流集中

沃尔玛的全球采购战略、物流配送系统、人力资源管理、天天平价策略在零售业都是可圈可点的经典案例。其中，沃尔玛的物流体系更是被外界所称道。

物流配送是连锁经营中不可缺少的重要组成部分，物流配送得不到发展，也就实现不了真正的连锁经营。从某种意义上来说，物流配送的水平，体现和决定着整个连锁企业的经营水平。沃尔玛独特的配送体系，大大降低了成本，加速了存货周转，为沃尔玛“天天低价”策略提供了最有力的支持。

总体来说，沃尔玛公司一共有6种形式的配送中心（见表1-1）。

表1-1　　沃尔玛公司配送中心的6种形式

形　式	说　明
“干货”配送中心	即普通的商品配送中心
食品配送中心	包括不易变质的饮料等食品、易变质的生鲜食品等，需要有专门的冷藏仓储和运输设施，直接将货送到店里
山姆会员店配送中心	批零结合，有1/3的会员是小零售商
服装配送中心	不直接给店面送货，而是分送到其他配送中心
进口商店配送中心	这个配送中心主要是为整个公司提供服务的。首先，通过大量进口降低进价；然后，根据要货情况送往其他配送中心
退货配送中心	退货配送中心，主要是接收店铺因各种原因退回的商品，一部分退给供应商，一部分送往折扣商店，一部分就地处理。收益主要来自出售包装箱的收入和供应商支付的手续费

沃尔玛配送中心的基本流程是：从工厂采购的货物运到配送中心后，货箱送到收货处的传送带上。在传送过程中经过一系列的激光扫描，读取货箱上的条码信息，经过核对采购计划、进行商品检验等程序，分别送到货架的不同位置存放。

商店提出要货计划后，电脑系统会查出所需商品的存放位置，并打印上商店代号的标签。整包装的商品直接由货架上送往传送带上，传感器对标签进行识别后，自动分送到不同商店的汽车装卸口。

一般情况下，商店当天要货，配送中心当天就可以将货物送出。由于使用了高效的电脑控制系统，整个配送中心的工作人员很少。数据的收集、存储和处理系统成为沃尔玛控制商品及其物流的强大武器。

沃尔玛被称为“零售配送革命的领袖”，其补充存货的方法被称为“交叉装卸法”。这套“不停留送货”的供货系统共包括三部分：

(1) 高效的配送中心

沃尔玛的供应商会根据各分店的订单将货品送至沃尔玛的配送中心，配送中心主要负责商品的筛选、包装和分拣工作。沃尔玛的配送中心具有高度现代化的机械设施，送至此处的商品85%都采用机械处理，大大减少了人工处理商品的费用。同时，由于购进商品数量庞大，可以充分利用自动化机械设备，有一定的规模优势。

(2) 迅捷的运输系统

沃尔玛拥有全美最大的私人卫星通信系统和最大的私人运输车队，是其供货系统的另一个无可比拟的优势。沃尔玛的销售成本低于同行业平均销售成本2%～3%，这就为沃尔玛全年低价策略造就了坚实的基础。

(3) 先进的卫星通信网络

沃尔玛用巨资建立的卫星通信网络系统使其供货系统更趋

完美。这套系统的应用，使配送中心、供应商及各分店的每一个销售点都能形成连线作业，在短短数小时内便可以完成“填妥订单—各分店订单汇总—送出订单”的整个流程，有效提高了营业的高效性和准确性。

20世纪90年代初，沃尔玛就在公司总部建立了庞大的数据中心，实现了快速反应的供应链管理。厂商通过这套系统可以进入沃尔玛的电脑配销系统和数据中心，直接从POS得到其供应的商品流通动态状况，极大地提高了企业的运行效率。

沃尔玛正是通过信息流对物流、资金流的整合、优化和及时处理，实现了有效的物流成本控制的。从原材料的采购，到最终产品的制成，最后由销售网络把产品送到消费者手中，整个过程都是高效有序的，实现了商业活动的标准化、专业化、统一化、单纯化。

6. 自有商品，代客采购

沃尔玛的市场定位非常准确，通过代客采购就把性价比最优的产品提供给消费者。资料显示，沃尔玛在中国的56家卖场中有高达1800种自有品牌。另外，公司在中国每年上百亿美元的采购中，有90%以上是沃尔玛的自有品牌商品。除此之外，沃尔玛还通过其强大的实力买断产品，或实施独家代理。

7. 投资银行功能

沃尔玛能从供应商那里获得大量的财物收益。以一家日营业额50万元的门店为例，如果其门店的平均商品周转天数为10天，而其货款的支付账期为60天，那么企业就可以将供应商的货款多占用50天。同时，它又可以从供应商处继续定购新的商品，占用新的资金。

随着沃尔玛的经营天数的延续，门店可以滞留的供应商货款日益增加，于是，零售商手中又会滞留大量的供应商应付资金。目前，这些资金一方面被用于扩大再投资，开拓新的投资经营项目和建设新的门店等；另一方面则被用于其他相关的金融投资领域，例如股票、证券、期货、保险等项目，让其获得了更多的利润。

8. 数据挖掘

为了适应巨大的零售商业的需求，沃尔玛拥有一个规模空前的计算机网络系统。依靠先进的信息化管理，任何一件商品的销售都可以通过计算机系统做出分析。当库存减少到一定量的时候，电脑会发出信号，提醒商店及时向总部要求进货；总部安排货源后送往离商店最近的一个发货中心，再由发货中心的电脑安排发送时间和路线，在商店发出订单后36小时内所需货品就会出现在货架上。

这种连锁经营的模式，使得沃尔玛具有了强大的市场竞争能力，沃尔玛就这样和众多消费者保持着密切的联系！

要想持续赢利，企业就要创新自己的商业模式

当企业发展到一定规模的时候，不仅会受到人才、技术、管理、资金等要素的制约，还会受到商业模式的影响，而后者往往是最重要的。在所有的创新中，商业模式的创新是最根本的，一旦商业模式得不到有效运作，管理创新、技术创新等都会失去可持续发展的可能。

可是，商业模式本身也是需要不断创新的，否则，即使企业选择的商业模式再好，长期保持不变，时间长了，也会失去竞争优势。

20世纪90年代中期，随着互联网在商业世界的普及应用，一个全新的消费环境出现了。贝索斯从中看到了商机，1994年，他辞去了原有的工作，与妻子来到美国西海岸的西雅图，经过努力创建了亚马逊。经过一年的充分准备之后，1995年7月亚马逊公司开始营业，主要在网络上销售图书。

亚马逊的网站主要是面向家庭购物者设计的，简单而实用，网页加载很快，使用起来也很方便。网站提供了多种了解和接触一本书的途径：读者评论、分类浏览清单、多维搜索能力、参照以前搜索、电子邮件通知、推荐引擎等。消费者只要“点击一次”就可以下单，然后亚马逊在其仓库完成配货后，就会将书送给购书者。

从一开始，亚马逊的商业模式就建立在利用互联网用户的环境与条件上。亚马逊的价值提供，和互联网媒介所产生的独特能力有着直接的关系，如客户服务。

“亚马逊”这个名字取得不错，容易记忆，容易让人联想起广袤的雨林。如同其亚马逊名称所寓意的一样，其所售图书的选择范围十分广泛。亚马逊有150万种新书、约100万种老书，大约是传统书店的100倍，给读者提供了大量的可选择范围。

面对如此大规模的存货，亚马逊采用了一种虚拟模式，主要和批发商保持密切合作关系，自己备有其中很小的一部分，存货周转时间远低于传统零售书商。由于不需要实体书店店面，成本更低，即使给购买3本以上书的客户免去运费，其成本依然比传统零售商低8%～10%。1998年9月30日，亚马逊的客户已经达到450万人，遍布世界各地。

亚马逊商业模式的另一关键，是其与其他商业实体的网络关系，比如，在供给方面，亚马逊与图书批发商 Ingram 合作密切。在与小的供应商们合作时，亚马逊也能严格保护客户信息资料，即使采购量很少时也是这样。所有外地运送都是在亚马逊自己的仓库中进行的，供货商是没有机会接触到客户的。

不可否认，亚马逊的成功来自于商业模式的创新。在进行商业模式创新的过程中，企业完全可以借鉴其成功经验：

（1）提供全新的产品或服务、开创新的产业领域，或用以前所未有的方式提供已有的产品或服务。亚马逊卖的书和其他零售书店没什么不同，但卖的方式却完全不一样。

（2）相比传统书店，亚马逊有几个优点：产品选择范围广、通过网络销售、在仓库配货运送等。

（3）亚马逊在一些传统绩效指标方面表现良好，体现了商业模式的优势。比如，数倍于竞争对手的存货周转速度；消费者购物用信用卡支付时，通常在 24 小时内到账；亚马逊付款给供货商的时间通常是在收货后的 45 天，可以利用客户的钱长达一个半月。

第二章
战略模式创新
——战略的高度决定企业的强度

用企业总体战略控制企业的所有行动

加强型战略：在原有业务范围内，利用自身潜力求得成长

加强型战略，又叫密集型发展战略，是指在原有的业务范围内，将企业的营销目标集中到某一特定细分市场中，充分利用在产品和市场方面的潜力求得成长。这一特定的细分市场既可以是特定的顾客群，也可以是特定的地区，还可以是特定用途的产品等。

实施这种战略的重点就在于，加强对原有市场或原有产品的开发。采用这种战略，企业目标更加聚焦，可以集中精力降低成本和差异化，增强自己的竞争优势。

1. 市场渗透战略

在企业发展的过程中，有些企业会不断扩张市场，进行拓展，这就是市场渗透战略。

通常情况下，这一战略可以借助扩大生产规模、提高生产能力、增加产品功能、改进产品用途、拓宽销售渠道、开发新市场、降低产品成本等单一策略或组合策略来开展。其战略核心主要体现在两个方面：利用现有产品开辟新市场实现渗透、向现有市场提供新产品实现渗透。

市场渗透战略是一种立足于现有产品，充分开发其市场潜力的

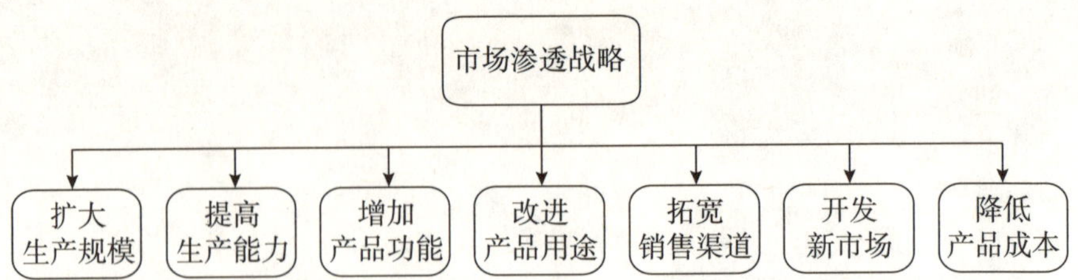

企业发展战略，是企业最基本的发展战略。在我们身边，很多企业，如东方电子、乐凯胶片、海尔、同仁堂、风华高科、中集集团、佛山照明、深万科等，就是通过实施市场渗透战略，不但占领了国内市场，而且在国际市场上也抢得一席之地。

2. 市场开发战略

所谓市场开发战略，就是由现有产品和新市场组合而产生的战略。市场发展可以分为区域性发展、国内市场发展和国际市场发展等。在过去，日本松下公司为了维持其增长速度，将国内已经饱和的黑白电视机和老型号彩色电视机推向国外市场，就是市场开发战略的一例。

市场开发战略是企业用现有的产品开辟新的市场领域的战略。如果市场上企业现有的产品已经没有进一步渗透的余地，就必须设法开辟新的市场，比如将产品由城市推向农村、由本地区推向其他地区等。

3. 产品开发战略

产品开发战略，是指在现有市场上通过改良现有产品或开发新产品来扩大销售量的战略。

产品开发战略是建立在市场观念和社会观念的基础上的，企业向现有市场提供新产品，满足顾客需要，增加销售。这种战略的核心内容是激发顾客的新需求，以高质量的新品种引导消费潮流。

产品开发战略是企业对市场机遇与挑战、内部资源能力的优势和劣势所进行的全面的、前瞻性的思考和认识，也是做出的深思熟虑的选择和决定。

从19世纪80年代到20世纪80年代，柯达公司在世界照相机领域中的霸主地位一直都没有动摇。“创新技术、突破生活”是柯达公司传统的座右铭，也是柯达的成功之本。

柯达的创始人乔治·伊士曼20岁时，就对照相机非常感兴趣，虽然没有积蓄，他却开始着手研究照相干板。为了实现这一梦想，1881年1月，他把自己的5500美元积蓄作为准备资金，在罗契斯特创立了照相干板制造公司。这个公司便是伊士曼·柯达的前身，当年乔治·伊士曼27岁。

乔治一边制造照相干板，一边对照相机的全部构造及性能进行仔细研究，他一直想制造出一种操作简单的照相机。经过7年的苦苦研究，他终于研制出一种小型口袋式照相机，命名为“柯达第一号”。此后，柯达公司还连续推出了“袖珍型全自动照相机”和“立即显像摄影机”，这是世界照相史上具有划时代意义的两次突破。

柯达公司发现，某种类型照相机如果能够实现长期销售，就可以给企业带来滚滚赢利；同时，要顾及业余摄影爱好者玩腻某型照相机之后就减少购买软件的倾向。因此，每隔一段时间柯达就会推陈出新，让新一代的青年接触到新型的柯达相机。

1969年，柯达公司想秘密设计一种“立即显像相机”。当时，这种相机已经问世，著名的“拍立得”公司已经制造出即时显像的相机SX-70。只不过最初SX-70在使用时须将保护乳剂的保险纸撕开丢掉，这等于制造垃圾。在这样激烈的竞争中，柯达公司的领导们在位于罗契斯特的柯达总部，从容地开发与发展多种新产品。

“即显相机”经历了周密的研制过程。公司首先确定这种相机与软件大致具备的优势，然后考虑用户的潜在需求，在克服“用户不满意”上下工夫。所以，新产品务必要廉价。其次，相机必须容易操作，消除用户因技术欠佳难以驾驭相机的恐惧心理。最后，必须保证质量，不能让用户在摄影效果上失望。

根据这些要求，柯达成立了特别小组，从工艺方面研究解决这些问题。到 1971 年初夏，研究人员提出了 3 种软件设计的方案，供管理部门选择。

决策部门批准了最佳方案，分别在英国、法国、美国开始推行。执行小组的成员包括生产、推销与研究三方面的专家，他们的工作十分艰巨。例如，为了解决聚焦问题，执行小组决定采用比软片快 4 倍的高速乳剂胶卷。研制这种胶卷需要耗费大量的资金，柯达公司组织了 1000 多位研究人员，在美国与西欧从事胶卷的开发。1972 年年初，塞格领导的特别执行小组，从 3 种化学软片中选定了可以产生瑰丽色彩的一种。

柯达公司新照相机的不断发明，直接扩大了它的软片市场。1952—1963 年柯达公司在研制“袖珍型全自动相机”期间，改制了古老的软片，为了便于安装，柯达首先设想把软片与匣子合成一体，发明匣盒软片，增加快拍机会。这种软片比普通软片增加了 25% 的长度，价格低廉，最便宜的只要 10 美元，这在软片市场上可谓是一次开拓。

柯达公司之所以享誉世界，除以上业绩之外，还跟它改良影印机的成功分不开。20 世纪 50 年代后期，柯达就在光电照相机方面进行了一定的研究，但在影印机市场上，有两个重量级的竞争对手：世界影印机巨头金禄和万国商业机器公司。

在 1960 年，金禄早以 914 型影印机率先进入市场，获得了成功。多年来，金禄的影印机畅销全球，几乎独占市场。而万国商业机器公司当时也有 10% 的市场份额，柯达是迟来的新手，因而遇到的难题更多。

可是柯达公司并没有甘拜下风，而是以其稳健的作风作出了抉择。在对市场的需要前景进行科学预测后，经过综合平衡，柯达决定其所生产的新产品专门为大公司服务。

为了夺取市场，柯达制定了新产品开发的优质战略。1967 年，一位叫沙莱的人发明了一种新的文件重组反馈器，这种装置能自动处理一堆需要复印的原件。为了寻找被采用的机会，沙莱给各大影印公司致函。结果，金禄公司给他寄来一张空白表格，而柯达公司却立即委托专利律师打电话和沙莱直接洽谈。当时，尽管柯达没有马上利用沙莱的发明，却取得了这项发明的专利权。

几年后，柯达公司影印实验室对沙莱的文件重组反馈器进行了研究改进，终于使它圆满地运行了起来。于是，柯达影印机可以一边复印，一边装订，而其他公司的影印机只有等复印全部完了之后，才能装订。

当一系列难题终于得到解决之后，柯达公司的 EK 影印机就上市了。这种影印机能一边复印，一边装订，得到了用户的一致好评。它的多功能性，使老牌的金禄公司和万国商业机器公司也望眼欲穿。

一体化战略：将独立的若干部分整合成一个整体

将独立的若干部分结合在一起成为一个整体，就是一体化战略。一体化战略主要包括三种形式：纵向一体化、横向一体化和混合一体化。

1. 纵向一体化

纵向一体化也叫做垂直一体化，是指生产或经营过程相互衔接、紧密联系的企业之间实现一体化。按物质流动的方向可以划分为前向一体化和后向一体化（见表2-1）。

表2-1　纵向一体化的种类

类　别	说　明	举　例
前向一体化	实行这种战略的时候，企业自己会对本公司的产品做进一步的深加工，对自己的资源进行综合利用；公司会建立自己的销售组织来销售本公司的产品或服务	钢铁企业自己轧制各种型材，并将型材制成各种不同的最终产品
后向一体化	采用这种战略，企业自己供应生产现有产品（服务）所需要的全部或部分原材料或半成品。主要目的是为了加强核心企业对原材料供应、产品制造、分销和销售全过程的控制，使企业能在市场竞争中掌握主动权，获得更多的利润	钢铁企业拥有自己的矿山和炼焦设施；纺织厂自己纺纱、洗纱等

纵向一体化是企业经常选择的战略体系，但是任何战略都会存在一定的风险和不足。企业之所以要采用这种方式，主要是为了建立强大的规模生产能力，获得更高的回报，获得来自市场信息的直接反馈，从而不断改进产品和降低成本，取得竞争优势。

需要说明的是，并不是所有的领域都适合使用纵向一体化，企业必须依据自己的实际情况和竞争环境来确定其是否适合在此时、此行业实施这种战略。

伊利奶业没有在全国建立起专卖店体系，就说明这种基于一家产品的奶制品不适宜建立专卖店体系，反而更适合于在超市中销售；它的前向一体化（销售渠道与终端），并不能够直接铺设到全国各个地域。

纵向一体化是一种典型的价值链体系，在这种体系下可以生产出完整的价值传递过程，便于战略制定者不断向纵深渗透。今天，伊利奶业已经向后进入了奶源基地的建设，而奥康和美特斯·邦威已经向前进入了专卖店建设。

2. 横向一体化

横向一体化，也叫做水平一体化，是指处于相同行业、生产同类产品或工艺相近的企业实现联合，使资本在同一产业和部门内实现集中，扩大生产规模、降低产品成本、巩固市场地位。

从 1991 年起，海尔先后兼并了原青岛空调器厂、冰柜厂、武汉希岛、红星电器公司等 10 多家大中型企业，集团资产从几千万元迅速增长到 39 亿元，成为中国第一家家电特大型企业。海尔认为，购并红星是所有购并中做得最成功的一件事。

1995 年 7 月 4 日，青岛红星电器股份有限公司对海尔集团进行整体划归后，将其更名为青岛海尔洗衣机有限总公司，使它成为海尔梅洛尼洗衣机有限公司之后海尔集团下属的第二个洗衣机子公司。之后，便采取了一系列整合活动。

红星被购并后的第三个月里公司就获得了丰厚的利润，其中，9 月赢利 2 万元，10 月赢利 7.6 万元，11 月赢利 10 多万元，12 月赢利 150 多万元，企业的发展势头越来越好。

3. 混合一体化

所谓混合一体化，是指处于不同产业部门、不同市场，相互之间没有特别生产技术联系的企业之间的联合。主要包括三种形态：

（1）产品扩张型，即和企业生产和经营相关产品的企业联合。

（2）市场扩张型，即为了扩大竞争地盘，企业与其他地区生产同类产品的企业进行联合。

（3）毫无关联型，即和企业的生产和经营没有任何联系的企业进行联合。

多元化发展战略：同时经营两种以上用途不同的产品

海尔集团之所以能够从一个生产冰箱的小企业发展到拥有白色家电、黑色家电在内的96大门类1万多个规格的产品群的大型国际化企业集团，与企业所制定的多元化战略是分不开的。

海尔集团在发展多元化战略经营的过程中遵循了以下两个原则：

（1）把自己最熟悉的行业做大、做好、做强，形成自己的核心能力，进入相关产品经营。

（2）进入一个新型行业，达到一定规模之后，一定要进入这个行业的前列。

目前，海尔已经建立了一种富有弹性的生产组织体系，适应了多元化经营的方向，既有竞争又有合作。采用这种多元化战略，对于提升企业规模发展和素质是非常有帮助的，优柔寡断会让企业错失掉很多有利的政策环境和发展时机。

海尔多元化战略主要呈现以下几个特点：

（1）根据企业的能力控制多元化的节奏，量力而行、步步为营，不断提高企业的管理、品牌和销售服务能力。

（2）根据行业相关程度进入新行业。海尔集团的多元化，根据行业相关程度，实现了“高相关——中相关——低相关”的发展。

（3）针对不同情况采取不同的方式进入新行业。海尔集团进入新行业综合运用了3种方式：内部发展，主要依靠企业自身的经营资源进入新行业；外部并购，通过合并收购其他企业进入新行业；战略联盟，与其他企业建立合资合作等形式的战略联盟进入新行业。

（4）进入某行业后，扩大产销规模，努力进入全国同行业的前三名。

“多元化”是如今中国企业家眼中很热门的字眼之一，几乎所有优秀的中国企业都或多或少地进行着多元化的努力，几乎所有优秀企业的危机与衰亡都与公司的多元化扩张战略有着一定的关系。

1. 横向多元化

有些企业在进行战略扩展的时候，会以现有的产品市场为中心，向水平方向扩展事业领域，这就是横向多元化。通常来说，横向多元化包括三种类型：

（1）市场开发型，即以现有产品为基础，不断开发新市场。

（2）产品开发型，即以现有市场为主要对象，开发与现有产品同类的产品。

（3）产品、市场开发型，即以新开拓的市场为主要对象，继续开发新产品。

这种战略是在原有的市场、产品基础上进行变革，产品内聚力强，开发、生产、销售技术关联度大，管理变化不大，比较适合原有产品信誉高、市场广、发展潜力很大的大型企业。

2. 多向多元化

虽然企业多元化发展通常与现有的产品、市场领域有些关系，但是通过开发完全异质的产品、市场，也可以实现事业领域多元化。这种多向多元化通常包括3种类型（见表2-2）：

表 2－2　　多向多元化的 3 种类型

类型	技术关系多元化	市场营销关系多元化	资源多元化
定义	以现有事业领域中的研究技术或生产技术为基础，以异质的市场为对象，开发异质产品	以现有市场领域的营销活动为基础，打入不同的产品市场	以现有事业所拥有的物质基础为基础，打入异质产品、市场领域，充分利用资源
优点	利用研究开发能力的相似性、原材料的共同性、设备的类似性，获得技术上的相乘效果，有利于扩大生产规模，在产品质量、生产成本方面也有竞争力。各种产品之间的用途越是不同，多元化的效果就越是明显	利用共同的销售渠道、顾客、促销方法、企业形象和知名度，提高销售量	
劣势	在技术多元化的情况下，销售渠道和促销方式是不同的，对于市场营销的竞争是不利的	没有生产技术、设备和原材料等方面的相乘效果，不适应企业的变化，无法应对全体产品同时老化的风险	
适用企业	适合于技术密集度较高的行业中的大型企业	适合技术密度不高、市场营销能力较强的企业	

3. 复合多元化

有些企业会从与现有的事业领域没有明显关系的产品、市场中寻求成长机会。企业所开拓的新事业与原有的产品、市场几乎一点关系都没有，所需要的技术、经营方法、销售渠道等必须重新取得。

通常来说，复合多元化可以划分为以下四种类型：

（1）资金关系多元化。是指一般关系的资金往来单位随着融资或增资的发展，上升为协作单位。

（2）人才关系多元化。当发现企业内部具有专利或特殊人才时，可以利用这种专利或技术发展新事业。

（3）信用关系多元化。可以接受金融机关的委托，对由于资本亏损濒临破产的企业或其他经营不力的企业进行重建。

（4）联合多元化。为了从现在的事业领域中撤退，或者为了发展为大型企业，有些企业会采用资本联合的方式进行多样化经营。

选择适合自己的基本竞争战略

成本领先战略：以较低的成本赢得竞争优势

成本领先战略，也叫做低成本战略，当使用这一战略的企业产品价格相当于或低于竞争企业时，这种低成本地位就会转化为高收益。虽然说，成本领先的企业主要是依赖于成本上的优势来取得竞争地位的，可是如果想让自己的经济效益高于平均水平，就要和竞争对象做比较，不仅要生产出独特的产品，还要取得价值上的有利地位。

使用这种战略的时候，不同的企业和同一企业的不同发展阶段，所追求和所能达到的目标都是不一样的，是多层次的。在建立商业模式的时候，企业要根据自身的具体情况，不断调整，认真筹划，循序渐进，最终实现自己的理想目标。

现在，让我们来看一看格兰仕微波炉是如何实行这种战略的。

格兰仕前身是广东顺德桂洲羽绒厂。1991 年，格兰仕最高决策层一致认为，羽绒服装及其他制品的出口前景不太理想，必须转移到一个成长性更好的行业。

经过市场调查，他们初步选定家电业为新的经营领域；之后，格兰仕便将自己的主攻方向设定在了小家电上；最后，以微波炉为主导产品的格兰仕小家电进入了市场。

1993 年，格兰仕试产了 1 万台微波炉。格兰仕集团在微波炉及其他小家电产品市场上采取了成本领先战略。自 1995 年至今，格兰仕微波炉在国内微波炉市场的占有率一直居于第一位。

生产规模的迅速扩大，带来了生产成本的大幅度降低，成为格兰仕成本领先战略的重要环节。格兰仕的生产规模每上一个台阶，产品的价格就会下调一个阶梯。当其微波炉的生产规模达到 125 万台时，格兰仕就把微波炉的出厂价定在生产规模为 80 万台的企业的成本价以下。

这时候，格兰仕还能够获得一定的利润，而生产规模低于 80 万台的企业，多生产一台就多亏损一台。当生产规模达到 300 万台时，格兰仕又把微波炉的出厂价调到规模为 200 万台的企业的成本线以下，让对手失去了追赶其规模的机会。

就这样，格兰仕用自己构成的行业壁垒，摧毁了竞争对手的信心，将一个个小企业淘汰出局。格兰仕虽然利润极薄，但是凭借着价格优势构筑了自己的经营安全防线。格兰仕的微波炉在市场上处于绝对的统治地位，低成本领先战略是其发展壮大的战略组合中的重要一环。

构建一套科学、完整的方法体系，既是实施成本领先战略的手段，也是成本领先战略的重要内容。实施成本领先战略的方法和措施有很多种，但总体上可以归结为成本分析和成本控制两大类。

1. 成本分析方法体系

进行成本分析的主要目的是为了揭示企业成本的优势和劣势，为确定目标成本和实施成本控制提供科学的依据。实施成本领先战略，从企业自身考虑，可以采用价值链分析、战略定位分析和成本动因分析等方法；从企业和顾客两方面来看，还要进行产品寿命周期成本分析。

（1）价值链分析

所谓价值链，是指企业内一系列互不相同但又相互关联的经营活动所创造的价值。这一动态过程反映了企业经营活动的历史、重点、战略、实施战略的方法，以及未来的发展趋势。

企业反映在价值链上所创造的价值，如果超过了成本，就可以赢利；如果低于竞争对手的成本，就说明企业具有一定的竞争优势。因此，价值链分析是成本领先战略的基本出发点。

实施成本领先战略的时候，企业有些事情是需要注意的，比如：

①要了解企业在行业中所处的位置，了解自身的劣势和竞争对手的优势；要对自身与供应商和顾客价值链的关系进行分析，充分利用供应商和顾客的价值链活动，逐渐降低成本，调整企业在行业价值链中的位置与范围，把握成本优势。

②通过企业内部价值链分析，找出最基本的价值链；然后分解为单独的作业，权衡该作业所占成本的比重，找出增值作业和非增值作业项目；不断提高增值作业的效率，降低成本。

③对竞争对手的价值链进行分析，搞清楚竞争对手的产品成本水平、成本构成、成本项目支出情况等，与企业的产品成本进行对比，找出差距，然后采取一定的措施，让自己的产品成本达到或低于竞争对手；然后，确定自己的产品定价策略，把握竞争的主动权。

（2）战略定位分析

在执行企业战略的时候，必须要与竞争环境相协调，是企业战略管理应该遵循的一项基本原则。行业的竞争环境对企业战略的实施发挥着重要的作用，战略必须同各竞争要素的特点相匹配，如价格、产品质量、性能、特色和服务等。如果竞争环境发生了变化，为了捍卫自己的竞争地位，企业就要作出积极的反应，采取适当的行动。

进行战略定位分析的时候，要对战略环境进行分析，然后确定采取的战略，明确成本管理的方向，建立与企业战略相适应的成本管理战略。事实证明，只有通过战略定位分析，将成本管理同具体的战略结合起来，才能有效实现管理效果。

（3）成本动因分析

所谓成本动因，是指引起产品成本发生变动的原因，即成本的诱致因素。

进行成本动因分析的时候，首先，要尽可能地把成本动因与特定价值作业之间的关系量化，对成本动因之间的相互作用进行识别，对成本动因进行战略上的权衡与控制；其次，要从战略上分析、查找、控制一切可能引起成本变动的因素，对日常生产经营中存在的问题进行有效控制。

（4）产品寿命周期成本分析

对产品寿命周期成本进行计量和分析，对企业是有很多好处的。比如，有助于企业更好地计算产品的全部成本，做好产品的总体成本效益预测；有助于企业根据产品寿命周期成本各阶段的分布状况，来确定进行成本控制的主要阶段；有助于扩大对成本的理解范围，有效地管理这些成本。

2. 成本控制方法体系

企业进行成本控制的主要目的是为了确定战略成本目标，实现目标。通常情况下，企业都会使用目标成本规划法。

使用这种方法的时候，企业都会先进行一系列的市场研究，然后对市场需求量和可能的价格进行预测；当企业对竞争者的产品功能和价格有了一番了解之后，就会根据企业的中长期目标利润计划，确定自己的目标成本。

一旦确定了产品的目标成本，就可以与企业目前相关产品的成本进行比较，确定成本差距，继而找到降低成本目标的方式方法；最后运用一定的方法来制订方案，如质量功能分解、价值工程、工程再造等。

差异化战略：为客户提供差异化的产品或服务

差异化战略又叫做别具一格战略，为了使企业产品、服务、形象等与竞争对手有明显的区别，获得竞争优势，有些企业会采用这种战略。

实施这种战略的时候，重点就是要创造出一种独特的产品和服务。例如，在众多的鞋品牌当中，只要一提起篮球鞋人们就会想到耐克，一提起足球鞋就会想到阿迪达斯，一提起帆布鞋就会想到匡威，这就是产品差异化的结果。

要想提升自己的竞争优势，企业就要在满足顾客基本需要的前提下，率先推出具有较高价值和创新特征的产品，用自己的独特个性争取到有利的竞争优势。

1. 产品质量的差异化

为了战胜竞争对手，有些企业会向市场提供一些高质量产品，用具有差异化的产品来吸引消费者。如果产品的质量优异，能产生较高的产品价值，就会提高销售收入，获得比对手更高的利润。

例如，奔驰汽车就是依靠其高质量的差异来取胜的。奔驰汽车的售价一般要比普通轿车高出近一倍，这就为公司创造了很高的投资收益。

再如，青岛电冰箱厂的海尔电冰箱，以高质量形象进入国际市场，开箱合格率达100%，建立起了良好的形象，赢得了国内外用户的信赖。

产品质量差异化战略也是日本企业占领国际市场的重要战略之一。20世纪50年代前，“日本货”是劣质货的代名词。为了提高质量，50年代中期，日本企业聘请了美国质量管理专家，推行全面质量管理运动。70年代后，日本企业产品在全球市场上成为优质产品的象征。依靠优质的质量和卓越的市场营销，日本的手表、汽车、彩色电视机、录像机、半导体等产品先后占领了美国、西欧等国家和地区的消费市场。

2. 产品可靠性的差异化

采用这种战略的时候，企业产品要具有绝对的可靠性，甚至在出现意外故障时，使用价值也要存在。事实证明，采用这种方法，更能将消费者吸引过来。

多年以前，美国坦德姆计算机公司开发了一种多部系列使用电子计算机系统，在操作这种系统时，如果其中的一个计算机发生了故障，其他的计算机就会立刻替代其工作。

这种独特的产品可靠性在市场上产生了极大的影响，甚至连国际商用机器公司开发的操作系统都很难适应。公司将营销重点集中在那些使用计算机的大客户，如联网作业的金融机构、证券交易所、连锁商店等，满足了这些客户不愿因系统故障而停机的要求。

3. 产品创新的差异化

拥有雄厚研究开发实力的高技术公司，一般都会采用以产品创新为主的差异化战略。

这些公司通常都拥有优秀的科技人才和执著创造的创新精神，建立了鼓励创新的组织体制和奖励制度，使技术创新和产品创新成为公司的自觉行动，如美国的国际商用机器公司、明尼苏达矿业制造公司，中国的联想集团、四通集团等。这些公司都以高科技为先导，为市场创造了新颖、别致、适用、可靠、效率高的新产品，成为世人瞩目的高技术创新企业。

实践证明，产品创新差异化战略，不仅可以让企业保持在科技领域的领先地位，还可以大大增加企业的竞争优势和获利能力。

4. 产品特性的差异化

如果产品中具有顾客需要而其他产品不具备的某些特性，就会产生别具一格的形象。有些产品特性的差异化已经被广大顾客所认识。例如，在世界汽车市场上，奔驰轿车是优质、豪华、地位和高价格的象征；丰田汽车具有质量高、可靠性强、价格合理的特征。

重点集中战略：满足特定顾客的特殊需要增强竞争力

为了获得有利的竞争地位，有些企业会努力满足特定消费者群体的特殊需要，有些企业会集中于某一有限的区域市场，建立企业的竞争优势，这就是所谓的重点集中战略。

为了能在这一未知领域获得胜利，诺基亚公司及其竞争对手不仅要生产传奇般的电脑电话，还要向客户的基地站提供网络技术。

为了获得这项技术，1997 年 12 月诺基亚公司投入 1.2 亿美元买入了美国硅谷的伊普森洛系统公司。同时，诺基亚还和爱立信、摩托罗拉联手，开发了第三代通信技术产品。

企业实施重点集中战略的关键是选好战略目标，那么如何来选定目标呢？要尽可能地选择那些竞争对手最薄弱的目标和最不易受替代产品冲击的目标。

采用这种战略的企业，要想实现成本领先，就要在专用品或复杂产品上建立起自己的成本优势。这种产品通常都比较难进行标准化生产，不容易形成生产上的规模经济效益，因此也很难具有优势。

采用重点集中战略的时候，如果企业想实现差异化，就可以运用所有差异化的方法来实现预期的目的。通过诺基亚的案例，可以发现，使用集中战略可以取得这样的一些效果：

首先，定位于多细分市场的竞争厂商很难满足目标小市场的专业或特殊需求，如果要满足这个市场的专业化需求，需付出昂贵的代价；

其次，没有其他竞争厂商在相同的目标细分市场上进行专业化经营；

最后，任何一家公司都没有足够的资源和能力进入整个市场中更多的细分市场。整个行业中有很多的小市场和细分市场，集中型的厂商可以选择与自己的优势和能力相符合的目标小市场。

当然，采用集中化战略也是有一定风险的。比如，竞争对手可能会寻找一些能够与之匹敌的有效的方法来为目标小市场提供服务；小市场购买者的偏好和需求可能会转向大众购买者所喜好的属性；集中化厂商所聚焦的细分市场非常具有吸引力，各竞争厂商会一起赶过去，对细分市场的利润进行瓜分。

对有关投资活动进行全局性谋划

扩张战略：只有不断扩张才能扩大企业规模

随着激烈的国际竞争呼唤，企业发展势头迅猛，扩张浪潮一浪高过一浪。伴随着令人瞠目的扩张广度和速度，长虹突围的路径有目共睹。

2004 年长虹亏损 37 亿元，同年 7 月赵勇正式就任长虹董事长。他上任后，不仅立即终止了与美国 APEX 公司的合作，还推行了组织机构、产业结构、营销机制、用人机制、新产品开发、体制创新 6 大改革。一季度，长虹实现净利润 1.73 亿元，同比增长 431%。伴随对人员和架构的调整，业界一直关注的“赵勇新政”的脉络开始大致清晰起来。

2004 年 9 月 28 日，赵勇与朝华集团合作，控股 51%，成立了长虹朝华信息产品有限公司（以下简称“长虹朝华”），进入了以分销为主体的 IT 行业，瞄准了 3C 领域。从那以后，长虹朝华就成了长虹 IT 方向的主要操作平台。出人意料的是，长虹朝华很快就出现井喷式增长，在 2004 年的最后 3 个月里实现了 4 亿元的销售收入。

2005 年年初，长虹与中国电信签订战略合作备忘录，明确了双方在视讯、IPTV 和互联星空等领域的合作意向，共同合作开发宽带业务和视讯业务。同时，长虹还与微软在 IPTV 等项目上进行合作。

2005 年 3 月，长虹集团开始向 3C 领域进发，为此专门成立了两家公司——国虹通讯数码集团有限责任公司和长虹信息技术有限责任公司。投资金额为2亿元的国虹通讯，由四川长虹与其下子公司广东长虹、江苏长虹合资组建，主营业务定位在通信终端、网络终端及其他个人移动电子产品的研发、生产、销售和服务上。

同期成立的另一家“长虹信息技术有限责任公司”，由来自摩托罗拉的吴盛刚、罗兰贝格的彭恩生、上海有线网络的王浩三位自然人组成了新设公司的核心管理团队。公司成立后，陆续与中国电信合作了宽带和视讯业务，并逐步推广了IPTV、互联星空和传媒业务……至此，长虹朝华、国虹通讯、长虹信息，就构成了长虹对于3C业务架构的基本雏形。

2005年6月29日，赵勇召开了年度股东大会，股东们将偌大的会议室坐得满满当当。虽然2004年长虹37亿元的亏损阴影还没有完全散尽，但当赵勇底气十足地表示“长虹最困难的时期已经过去”时，还是响起了热烈的掌声。

年度股东大会之后，2005年6月30日长虹新组建了四川虹微技术有限公司。这家公司由长虹和新公司管理层共同出资成立，主要负责长虹在集成电路（IC）领域的研发、设计、生产和销售工作。

短短一年内，在赵勇为长虹设定的信息家电、IT、通信、网络、内容与服务这新五大产业中，都已悄然布下节点。在长虹的架构调整全部到位以后，他们继续进行了产业转型，由产品供应商转变为信息、内容、技术提供商，产品类型也逐步向信息家电转变。

在激进的扩张中盘活长虹资源，在增量发展中求得改制契机，就是赵勇“长虹之变”的大体脉络。

扩张战略，是一种企业增长战略。从企业发展的角度来看，任何成功的企业都要经历一段时间的战略扩张，因为从本质上来说，只有使用这种战略才能不断地扩大企业规模，让企业从竞争力弱小的小企业发展成为实力雄厚的大企业。

与其他类型的战略态势相比，增长型战略通常都具有以下特征：

（1）实施这种战略的企业的增长速度不一定比整个经济的增长速度快，但往往比其产品所在的市场增长得快。市场占有率的增长是衡量增长的一个重要指标，实施增长型战略的时候，不仅要有绝对市场份额的增加，还要在市场总容量增长的基础上增加相对份额。

（2）实施这种战略的企业往往都能取得大大超过社会平均利润率的利润水平。这种企业的发展速度一般都比较快，容易获得较好的规模经济效益，降低生产成本，获得超额的利润率。

（3）采用增长型战略态势的企业通常都喜欢采用非价格的手段同竞争对手抗衡，不仅会在开发市场上下工夫，在新产品开发、管理模式上也会具有一定的竞争优势。

（4）采用这种战略的企业通常都立足于创新。这些企业一般都会立足于开发新产品、新市场和新工艺，可以把握更多的发展机会，谋求更大的风险回报。

（5）与简单的适应外部条件不同，采用这种战略的企业一般都会创造出新的产品和需求来改变外部环境，并使之与自身相适应。

市场集中和资产减少战略：有效改善企业短期赢利和长远前景

为了重新组合企业的经营范围和资产配置水平，改善企业短期的赢利和长远的前景，有些企业会采取市场集中和资产减少战略。这种重新组合通常适合两种情况：

1. 成熟阶段的选择

在产品—市场发展的成熟阶段和饱和阶段，企业的竞争力是比较弱的。在这种情况下，为了改善自己的地位，有些企业就会根据自身竞争地位弱小的程度，选择一种资产减少的战略。企业的市场销售量如果是行业领先企业的销售量的15%以上，该企业依然可以作为一个相对完善的生产者经营下去。只不过，这时的企业会重新组合自己的资产，集中力量开发最具竞争优势的细分市场。

企业的销售量如果不够领先企业的5%，是不适宜采用市场集中战略的。在这种情况下，企业可以采取另外4种战略：

（1）联合或兼并几家类似的企业，把销售量增加到15%。

（2）如果大型经营企业能够提供必要的资金，使企业的销售达到15%，可以将企业出售给多种经营的企业。

（3）将注意力集中在专有市场上。这种专有的市场是一种极为细小的细分市场。在这个市场里，顾客的需求、偏好与使用产品的模式都与其他细分市场是不一样的。只要在这种专有市场上投入有效的资源，就可以获得竞争优势，同时在保证专有市场需要的前提下，要尽量减少企业资产。

（4）撤销这个企业或经营业务。

不过，当行业的产品发展到成熟阶段与饱和阶段的后期时，企业一般是不会采用第二种或第三种战略的。这时，多种经营企业通常都不会对亏损的经营单位感兴趣。而且，企业在考虑联合和兼并时，几乎找不到收支略抵的企业或经营单位。在这种情况下，企业通常都会将资源集中在一个虽小但能防御竞争的专有市场上。

2. 衰退阶段的选择

在产品—市场发展的衰退阶段里，企业只能将资源集中在难以消亡的细分市场上。在大多数情况下，产品和市场衰退时，有些产品和细分市场便会消失，有些产品和细分市场则会持续下去。

这种持续下来的细分市场一般都处于市场的边缘。因此，在这种细分市场上，不管企业的实力如何，都可以采取这种战略。为了更好地发挥战略的作用，企业通常都会对将要延续下去的细分市场的规模进行评测，集中主要资源在该市场上确定自己的地位。

转变战略和撤退战略：保存实力，伺机而动

当企业陷入危机境地，但还有挽救和值得挽救的经营事业时，可以将企业的经营由危机状况转变为正常状态，重点就在于改善经营效益。之所以要采用这种战略，主要是为了尽可能地阻止和扭转企业衰退的命运。当然，只有企业本身值得挽救时，才会采用这种转变战略。

1. 转变战略的目标

转变战略，是指在企业衰退或消亡的时候，为了挽救企业的命运，从原有领域逐步收回资金和抽出资源，向新的领域发展，在新的事业中找到出路，推动企业更快发展的战略。

有些企业在现有的经营领域不能维持原有的产销规模和市场，不得不缩小产销规模和市场占有率；有的企业存在更好的发展机遇，为了改善现金流，就会对原有的业务领域压缩投资、控制成本，为其他业务领域提供资金；有些企业财务状况下降时，也会采用这种战略，不过一般都发生在成本上升或财务周转不畅的情况下。

在实施转变战略的前期，通常要做以下几方面的工作：

（1）对企业业务所在市场的吸引力进行评价，对企业在该市场内潜在的竞争地位进行评估。

（2）选用适当的方法，对继续存在该市场经营的价值与清算的价值进行评估。

（3）对企业近期的经营状况进行评估。如果某项业务面临大幅度亏损，就要对具体的原因进行分析。如果企业失败的元凶在于企业战略，就要改变战略执行方法。

2. 转变战略的选择

通常来说，企业能选择的转变战略有 4 种：增加收益战略、降低成本战略、减少资产战略和混合战略。在选择这些战略时，不仅要考虑企业可以运用的资源价格和成本结构，还要考虑企业目前经营低于盈亏平衡点的维度。

如果企业的直接人工成本高或者经营状况相对接近盈亏平衡点，最好在短期内降低成本。因为在短期内，企业适当大幅度降低成本是行得通的，可以获得最大数额的流动资金。

如果企业资源短缺、经营难以改善，就要把重点放在最大限度地收回现金的策略上。可以采用的方法有减少存货、提高价格、改变销售组合、出售剩余生产能力、延长应付款时间、加速收回应收款等。

3. 放弃战略

采取这种战略的时候，通常都是在行业的衰退期，企业把相关的业务单位出售，可以最大限度地收回投资。当行业发展到衰退阶段的早期时，有些有预见性的企业就会迅速退出该行业，对固定资产进行转让，尽快处理掉经营业务。

早期出售资产，一般都可以卖个好价钱，获得较高的收益。否则，一旦行业衰退趋势明朗化，就会出现讨价还价的现象，到时候就亏了。

不同行业环境采用不同的企业战略

分散行业中的企业经营战略

所谓分散行业，是指由大量中小型企业组成的行业。这种行业一般都企业数量多，规模小，如餐饮业、照相业、美容美发业等。在这种行业，单个企业的市场占有率没有明显优势，不能形成规模经济，所以任何一个企业都不能对行业的运行决策起决定性影响。每一家企业，都可以采取独特的经营策略。

在德国南部城市郊区的半山上，有个餐馆叫“巴纳餐馆”。餐馆的门头是一个大石窟，里面是宽大的石洞，洞内摆放着很多的石桌、石椅、石凳；洞壁上有鹿角、皮子、刀具等装饰物。在这个山洞餐馆里，洋溢着浓厚的山大王气息。每天，都有很多人来这里就餐。

也许是受山洞文化、山匪气息的影响，很多顾客都会大杯喝酒、大口吃肉。顾客点了烤排骨与啤酒之后，就会坐在桌边等着其他菜品上桌。所谓的桌子其实就是厚厚的长松木，用粗大的铆钉构建起来，松木之间留有巨大的缝隙，底下的荒草会不经意间探出头来；这里的椅子，是用宽木板加上支脚做成的。

顾客入座后，服务员会为其拿来一只瓷花瓶，当做烟缸、杂物碟。顾客把排骨吃完后，骨头扔进花瓶，正好能够盛下，独具创意。

这家餐馆，用山洞、石器、大杯、大盘、大碗等构筑了浓厚的“山大王”风格，含有丰富的怀旧意味，这就为它带来了滚滚的财源。

分散行业，通常都缺乏规模经济，产品的差别化程度高，运输成本高，市场需求多元化，在战略的使用过程中，应该注意以下几点：

1. 不要全面出击

在分散行业，企业要面对所有的顾客，如果提供的产品、服务众多，是很难获得成功的，只会削弱企业的竞争力。

2. 不要过于随机

在战略实施过程中，有些企业会不时地调整以往的资源配置。其实，在短期内，频繁的调整可能会产生一定的效果，但是从长远来看，战略执行过于随机，反而会削弱自身的竞争力。

3. 不要过于集权

在分散行业中，要想制胜就要对需求变化做出及时反应。因此，企业要选择合适的组织构架。集权性组织结构，通常都对市场反应较差，管理人员主动性小，不适合行业竞争。

4. 不要对新产品做出过度的反应

在分散行业中，每天都会出现新产品会，如果企业忽视自身实力，做出了过度反应，只会削弱自身的竞争力。

新兴行业中的企业战略选择

随着技术创新、新的消费需求的出现，企业获得了新的业务机会，创造了新产品或新服务。当企业共同生产类似的产品形成了相当规模时，就出现了新兴行业。

新兴行业主要包括新形成的行业和重新形成的行业，国内外正在形成一些高科技行业，如电子信息产品、生物医学产品、新材料等。新兴行业一般都有着一定的相对性，会随着行业规则、产品标准的形成，逐渐发展为成熟行业。

新兴行业，一般都没有形成行业规则，大部分的新兴行业都具有不确定性、风险性、相对优势性等特点。在发展过程中，这种企业该如何选择战略呢？

1. 选择正确的进入时机

对于新兴行业中的企业来说，在进行战略选择的时候，首先要选择一个正确的进入时机。

一般来说，当企业出现以下一些情况时采取早期进入是比较适当的：

- 如果企业的形象和声望对顾客来说是极其重要的；
- 通过早期进入，能够给企业带来发展和声望；
- 通过早期对原材料供应、分销渠道等的承诺，可以带来绝对的成本利益。

在下列情况中，早期进入是非常危险的：

- 开辟市场代价昂贵，开辟市场的利益无法成为企业专有；
- 随着技术的变化，企业早期投资过时，晚期进入的企业拥有最新的产品和工艺获利丰厚。

2. 选择合适的目标市场

选择目标市场的时候，要考虑以下两个因素：

（1）用户的需求。考虑用户购买新产品所获得的效益，包括性能上的效益和服务方向的效益。

（2）用户使用新产品导致失败的代价和风险。如用户要把新产品应用到他们的整个技术系统中去，一时该技术系统因使用该产品不能取得预期效果，会带来很大的损失，这时用户一般不会早期购买。

3. 促进行业结构的发展

如果企业的行业结构正处于形成阶段，在行业的基础经济性和资源的限制范围内，可以在产品策略、价格策略、营销手段和生产方针等方面影响行业结构，从而获得最有利的地位。

4. 正确对待各种变化

在新兴行业中，供应商可能希望满足某方面的特殊需要，如产品规格、服务和交货等；分销渠道可能更乐于做企业的合作伙伴。对于这些变化，要及时做好分析，为将来战略的制定提供依据。

5. 不断发现问题、解决问题

对于新兴行业中的企业来说，早期的障碍，如技术水平、销售渠道、成本和风险等，都随时会发生变化。当行业发展到一定规模的时候，当技术上已经成熟了之后，这些障碍就会被其他的苦难所代替。如果你所经营的企业正好属于新兴行业，绝不能停滞不前，要不断发现新方法、解决新问题，提高自己解决问题的能力。

6. 正确处理自身利益和社会效益的关系

在新兴行业中，要实现对行业的倡导和追求自身利益之间的平衡。企业的声誉、形象、吸引力、与政府的关系都与企业的经营状况有着千丝万缕的联系。在行业内部，企业的发展离不开其他企业的发展，在一定时期，企业要暂时放弃自身的利益，满足社会效益。

成熟行业中的企业战略选择

进入成熟期的行业，一般都没有停止增长，但是增长速度已经明显降低了，产品和技术趋于稳定。这些企业该如何选择战略呢？

可以选择哪些发展战略呢?

1. 成本领先战略

今天,企业之间的价格竞争日益激烈,企业必须重视自己的成本问题。

可以用来降低成本的方法有:

- 同供应商进行价格协商,形成更加经济的产品设计;
- 删除经营成本链中某些不必要的环节;
- 紧缩管理费用,提高产品制造和销售的效率。

2. 创新战略

对于成熟行业来说,开发新产品是比较困难的。因此,企业更要注重技术创新(工艺创新和产品设计创新)。例如,改进产品的设计、生产方式、创新销售系统等。

3. 国际化经营战略

当国内行业市场已经趋于饱和时,企业可以开拓国际市场。这样做,不仅可以有效避免在饱和市场上的激烈竞争,还可以进入该行业仍处于不成熟阶段的国家和地区,充分利用他国的经营资源,获得可观的比较优势。

4. 集中战略

集中战略主要表现在两个方面(见表2-3):

表2-3　　集中战略的主要表现

表　现	说　明
缩减产品系列	在成熟期,企业要在分析产品结构的基础上,对产品结构系列进行调整,将利润低的产品缩减或淘汰掉,将企业的生产能力和经营资源都集中到那些有竞争优势的产品上,努力使产品结构合理化
增加对现有顾客的销售量	主要方法有:增加一些互补产品和附属性服务;提供更多的可供顾客使用的产品方式;为顾客提供更多的功能性经营活动

5. 转移战略

在激烈的竞争中，企业可以利用已经拥有的资金、技术和其他的核心专长，向相关行业进行转移。在这个过程中，可以采取的发展战略有创新战略、整合战略和多样化战略。

（1）创新战略

就是用原来成熟的业务为新业务的发展提供稳定的资金来源，然后淘汰掉原来的产品，提前结束原有产品的寿命周期。

（2）整合战略

就是把企业内部与外部资金、资源、技术、管理进行优化组合。整合带来的规模经济和更严格的绩效管理对于企业来说是一次战略升级。

（3）多样化战略

就是用现有业务提供的资金支持新行业的进入，分散资本风险。如果企业没有资本和技术优势，可以采用合资的方式，利用自己的优势，转入其他行业。

不可否认，上述的战略都是成熟行业可以实施的，都有利于企业的发展。但是在实施这些战略的时候，有些事情也是需要注意的，比如，在选择战略前要对行业现状进行全面分析，对行业发展趋势认真进行预测，对自身优势和劣势进行估计和评价。同时，不要盲目对成熟业务投资，不要过分依赖创新而轻易放弃现有业务的市场占有率。

第三章

品牌模式创新

——企业自我驱动的“金字招牌”

扩张：品牌的力量和它所代表的产品数量成反比

当有人向你提起雪佛兰的时候，可能你什么都想不出来。这不难理解。当你把品牌名字使用在每一个产品上时，这个品牌就失去了它的力量。在很多年前，雪佛兰是美国销量最好的汽车品牌，可是今天它的领先地位却被福特代替了。

其实，福特也存在同样的问题。这些昔日的领先者，今天都在走下坡路，慢慢滑向灭亡。因为很多购买福特车的人张口闭口都是金牛、野马、开拓者、卫护者。除了克尔维特之外，在雪佛兰的产品线上，没有其他强大的品牌。可见，雪佛兰存在一定的品牌问题。

雪佛兰，一共拥有 10 种独立的汽车车型，而福特一共有 8 种。这正是福特比雪佛兰卖得好的原因之一，因为品牌的力量与其代表产品的数量成反比！

雪佛兰之所以要在市场上出售那么多种的车型，主要是因为它想出售更多的汽车。从短期来看，这种方法确实可以产生一定的效果。但从长期来看，产品线的扩张会削弱品牌在消费者心中的力量。

今天，很多公司都把重点放在了短期，不仅进行了产品线的扩张、品牌的延伸，还实施了多样化的定价。结果，事与愿违，品牌被稀释掉了。稀释品牌虽然可能会让你在短期内赢利，但从长期来看更会削弱品牌的力量，直到它无法再代表任何东西。由此可见，品牌扩张不是毫无方向的、盲目的，是有规律可循的。

按照品牌与产品的关系及扩展方向，通常可以将品牌扩张策略分为三种：单一品牌策略、多品牌策略和复合品牌策略。

单一品牌策略

有些企业在进行品牌扩张时，会让自己的多种产品共同使用同一品牌，这就是单一品牌策略。按照单一程度的不同，可以将单一品牌策略细分为产品项目品牌策略、产品线品牌扩张策略和伞形品牌扩张策略。

1. 产品项目品牌扩张策略

有些企业在进行品牌扩张时，会使用单一品牌对企业同一产品线上的产品进行扩张，这就是产品项目品牌扩张策略。

同一产品线的产品面对的往往是同一消费群，产品的生产技术在某些方面也存在联系，在功能上可以相互补充，可以满足同一消费群体的不同方面的需求，因而这种策略更容易取得成功。金利来公司在品牌扩张时，就成功地运用了产品线品牌扩张策略。

金利来公司进行品牌扩张之前，对市场做了翔实调查，之后就逐步推出了男士用品而实现了扩张。近年来，金利来还陆续地推出了皮带、皮包、钱夹、衬衫、T恤、西装、背带、钥匙扣等男士服装和饰品，使“金利来，男人的世界”得到进一步体现，成功地实现了企业的品牌扩张。

虽然这种扩张策略可以有效地促进品牌扩张，但运用时需要注意以下几个问题：

- 产品线是相对有限的，限制了已有品牌资源的扩张范围，品牌很难发挥出最大的潜在价值。

- 实施这种策略的时候，要和已有的产品相近或相关，会对创新产品造成一定的影响，阻碍企业的创新步伐。
- 不同产品使用同一品牌，如果其中一种产品的广告出现问题，其他产品也会受到牵连。

2. 产品线品牌扩张策略

进行品牌扩张的时候，可以跨越产品线，让不同产品线中的产品使用同一品牌，这就是产品线品牌扩张策略。使用这种策略的时候，需要注意两点：要寻找一定的前后相关性、品牌的基本元素要相似或相同。

3. 伞形品牌扩张策略

所谓伞形品牌扩张策略，是指企业所有产品不论相关与否都可以使用同一品牌。

很多公司都成功地运用了这一策略，比如飞利浦。飞利浦公司生产的音响、电视、灯泡、手机等产品，用的都是同一品牌，“飞利浦”畅销全球。再如，雅马哈公司生产的摩托车、钢琴、电子琴都是用“Yamaha”品牌进行销售的。

当然，有些企业的扩张是比较牵强的，不能完全让消费者接受。比如，三九集团是以药业为核心产业的，“999”是一种药用品牌。当三九集团推出“999 冰啤酒”进行伞形品牌扩张时，人们很容易把啤酒与药品联系到一起，没有取得理想的效果。

多品牌策略

随着消费需求的多元化，一个消费群体就会分离成不同偏好的几个群体，单一品牌策略往往不能迎合偏好的多元化，容易造成品牌形象混乱，而多品牌策略正好解决了这一问题。

所谓多品牌策略，是指给一种产品赋予一个品牌，不同的产品品牌拥有不同的品牌扩张策略，一个品牌只适合于一种产品、一个市场定位，可以最大限度地显示品牌的差异化与个性。世界著名的日用化学品生产企业——宝洁（P&G）就成功地使用了这一策略。

宝洁公司的产品有洗衣粉、香皂、洗发水等，不同的产品线、不同的产品项目使用的是不同的品牌。其中，洗衣粉、香皂、洗发水品牌各不相同，洗衣粉中有汰渍、碧浪等品牌，香皂中有舒肤佳，洗发水中有飘柔、潘婷、海飞丝等品牌。

宝洁公司的多品牌策略获得了成功，给企业带来了很多好处：

第一，有助于企业全面占领一个大市场。

一种品牌有一种个性定位，可以赢得某一消费群；多个品牌具有各自的特色，可以赢得众多消费者，广泛占领市场。一般来说，单一品牌的市场占有率达到20%就相当不错了，资料显示，宝洁的三个洗发水品牌曾为其带来了66.7%的市场占有率。

第二，提高了企业的抗风险能力。

采用这种品牌策略，公司就赋予了每种产品一个品牌；而每个品牌之间又是相互独立的，个别品牌的失败不会对其他品牌造成影响。

第三，适合零售商的行为特性。

零售商一般都是按照品牌来安排货架的，多品牌可以在零售货架上占得更大空间，增加产品的销售机会。

当然，使用这种品牌策略虽然能够给企业带来很多好处，但是其对企业的实力、管理能力的要求比较高，因此，采取这种品牌策略的时候需要经过认真考虑。

复合品牌策略

有些企业在实施品牌策略的时候，会对同一种产品赋予两个或两个以上的品牌，即在一种产品上同时使用两个或两个以上的品牌，这就是复合品牌策略。根据品牌间的关系，可以将复合品牌策略细分为注释品牌策略和合作品牌策略。

1. 注释品牌策略

所谓注释品牌策略，是指在同一种产品上同时出现的品牌，其中一个是注释品牌，另外一个是主导品牌。主导品牌说明了产品的功能、价值和购买对象，注释品牌则为主导品牌提供支持和信用。

一般来说，注释品牌就是企业品牌，在企业的很多产品中都会出现。使用这种策略，可以将具体的产品和企业组织联系在一起，增强商品信誉。

例如，吉列公司生产的刀片，品牌名称为“Gillette - Sensor”，其中“Gillette”是注释品牌，表明是吉列公司出品，为该产品提供吉列公司的信用、品质支持；而“Sensor”是主导品牌，揭示了该产品的特点。

2. 合作品牌策略

所谓合作品牌策略，是指两个或两个以上企业的品牌同时出现在一个产品上。这种品牌策略现在很常见，比如“一汽大众”“上海通用”“松下—小天鹅”等使用的就是这种品牌策略。其中，使用最成功的是英特尔（intel）公司。

英特尔公司是世界上最大的计算机芯片制造商，与世界主要计算机厂家都有合作。1991 年，英特尔公司推出了奔腾系列芯片，然后制订了耗资巨大的促销计划，打算每年花 1 亿美元，鼓励计算机的制造商在其产品上使用“intel inside”的标识。如果参与这一计划的计算机制造商购买时也注有“intel inside”，就会给予5%的折扣。

1992年，英特尔公司的销售额比上年增加了63%，“intel”的标识也随着计算机产品的广泛使用被人们所熟知。由于芯片是计算机的核心板，而英特尔是优良芯片的供应商，因此在消费者心目中就形成了一种印象——计算机应该使用英特尔公司芯片，应该加上“intel inside”标识。

今天，众多的计算机品牌，如IBM、戴尔、惠普、联想、方正等，都把“intel inside”标识加在了自己的产品上，intel的品牌名声也越来越大。

公关：品牌的诞生依靠的是公关

品牌是诞生出来的，要想让自己的产品在市场上占得一席之地，新品牌必须借助媒体进行有利的宣传报道。怎样做公共宣传呢？最好的方法是通过公共宣传说明：它是第一。也就是说，要尽自己所能让自己的产品品牌努力在一个新品类里成为第一品牌。

在品牌的创建过程中，要想扩大自己的影响力，就要伴有大量的公共宣传。在我们身边，新闻媒体总是关注那些最新的、第一的、热点的事物。当你的品牌能产生一定的新闻价值时，就会争取到制造新闻宣传的机会。

多年来，公关都被看成是广告的第二职能，有些公关人员甚至还会根据广告量来衡量他们的业绩。今天，在建立品牌模式的过程中，同样要依靠公共宣传。

在过去20多年里，传真是所有公司通信系统中不可缺少的一种设备，几乎每家企业都会使用到传真。可是，其间却没有出现有关传真兴起的文章。

今天，在品牌模式的创建过程中，需要的是公关。所有全球营销的大公司，如微软、英特尔、戴尔、康柏、盖特威、甲骨文、思科、SAP，以及太阳微系统公司，最先都是通过在《华尔街日报》《商业周刊》《福布斯》及《财富》等报刊上进行公关宣传而起步的。他们靠的是公关，而不是广告。

那么，究竟什么是品牌公关呢？所谓品牌公关，是指企业在处理企业与社会、公众、媒体关系时，充分利用公共关系的职能为企业塑造良好的品牌形象，提高企业的品牌价值。

在进行品牌公关的时候，有些原则是需要掌握的：

1. 公开原则

操作品牌公关的时候，不能神秘化，不能遮遮掩掩，更不能提供虚假信息，要开诚布公、客观公正地报道事实的真相。当然，企业要处理好公开与保密制度之间的关系，掌握好公开的时机、范围和人员，不加区别地事事公开、处处公开、时时公开、人人公开。

2. 准确原则

进行品牌公关的时候，信息要准确、全面、及时。任何一条与事实不符的信息都会对企业公关的效果产生影响，甚至会直接影响到公关的成败。所以，要掌握多方面、多角度、多类型、多层次的信息，对大量的信息进行归纳、整理、分析、判断，确保信息准确可靠。

3. 责任原则

品牌公关是企业对社会和公众的一种承诺与责任，企业要主动承担起相应的责任和义务：

（1）对企业负责。企业是一个为社会和公众创造利益的组织，做品牌公关的时候首先要对企业负责。

（2）对消费者负责。企业要以公众利益为重点，认真考虑公众的正当权益，要为消费者提供值得信赖的产品和服务。

（3）对媒体负责。企业提供的信息，要具有真实性和可信性。

4. 适当原则

做品牌公关的时候，要把握好其中的“度”；要量力而行，千万不要勉强自己去做能力所不及或不愿去做的事。

（1）公关决策。并不是在所有的情况下，都能实施公关策略，企业要着眼于整体利益和长远利益，认真研究市场的各项信息，然后再作出正确的决策。

（2）公关执行。只有可行的决策方案，才能指导公关的正确执行。企业要从实际出发，对实施决策的主客观条件进行分析，仔细权衡各种方案的利弊得失，把定量分析和定性分析有效结合起来，认真论证，周密审定，正确评估出公关决策的可行性。

5. 创新原则

万物都是处于变化之中的。企业直接面对的是大众消费者，人的需求、情绪、意愿经常会发生变化，随时都会出现新问题、新情况。企业不能墨守成规，要勇于创新、善于创新，要让具体的工作人员用新思维、新格局、新方式来制定和执行公关方案。

6. 灵活原则

在进行品牌公关的时候，经常会伴随一些特殊变故、非常变异，直接导致公关方案无法执行下去。为了实现预期目标，在制定公关策略的时候就要具有灵活性。

广告：品牌一旦诞生，就需要广告来维护

如果把品牌比作一位美女，那么广告就是她最钟爱的一件衣服。如果身上的衣服裁剪得法、用料考究、色彩搭配合理、漂亮得体，可以为一个人的形象加分。同样，对于一个品牌来说，一套定位准确、富有创意、诉求方式新颖、表现策略独到的广告也能为品牌镀金，促进销售的增长。

要想成为品牌领先者，做广告的时候，就要表现出品牌的领先地位。可是在我们身边，很多企业却不会针对其领先地位来做广告，仅仅会针对产品品质的某些方面开展广告宣传。于是，当你在广告中说“我们的产品更好”时，当你在广告中声明你生产出了一种更好的产品时，消费者就会这样说：“他们都是这样说的。”

今天，任何一则广告中都声称自己的产品比其他同类产品更好。可是，当你对消费者说“我们的产品是领先者”时，才会让消费者意识到“它一定比其他的更好”。

美国最好的番茄酱，是由汉特公司生产的。可是，很多人却认为，亨氏的番茄酱是最好的。为什么？因为亨氏是美国番茄酱的领先品牌。

今天，广告之所以能够受到市场的追捧，成为营销组合拳中的撒手锏，主要就在于广告有着与生俱来的优势，不仅有利于提升品牌知名度，还能够促进品牌增值，提升销售的业绩。通过广告，可以占领消费者的心志，将品牌信息有效传递给目标人群，在消费者心目中树立起品牌形象。

广告是一种非常有力的工具，虽然无法帮助一个新品牌建立领

先地位，但可以维护品牌已经获得的领先地位。如果想保护已经创建起来的良好的品牌，就要坚决地投入广告宣传。

广告对整个品牌有着很好的宣传作用，这里就给大家介绍几款经典的品牌广告（见表3－1）：

表3－1　　经典品牌广告语及其意义

品　牌	广告语	意　义
百事可乐	新一代的选择	百事可乐从年轻人身上发现了市场，它把自己定位为新生代的可乐，邀请新生代喜欢的超级歌星作为自己的品牌代言人，赢得了年轻人的青睐
耐克	just do it	耐克通过以“just do it”为主题的系列广告和篮球明星乔丹的明星效应，成为体育用品的第一品牌。这句广告语符合青少年心态，要做就做，只要与众不同，只要行动起来
戴比尔斯钻石	钻石恒久远 一颗永流传	这句广告语不仅道出了钻石的真正价值，也从另一个层面把爱的价值提升到了足够的高度，使人们很容易把钻石与爱情联系起来
麦氏咖啡	滴滴香浓 意犹未尽	麦氏的广告语堪称语言的经典。麦氏的感觉体验虽然不是很直白，却符合喝咖啡时的那种意境；同时又把麦氏咖啡的那种醇香与内心感受紧紧结合起来，经得起考验
金利来	男人的世界	金利来把自己的产品定位于成功和有身份的男士，多年来坚持不懈，终于成为男士服装中的精品。这句广告语画龙点睛地准确体现了金利来的定位和核心价值
宝马	驾驶乐趣 创新无限	宝马属于更为年轻的富人阶层，他们往往亲自驾车，体验宝马的驾驶乐趣，这正是宝马的魅力所在
柯达	就是这一刻	用生活中精彩、难忘的瞬间打动消费者，留住美好瞬间，给你留下永恒记忆，是柯达胶卷永恒的主题

词汇：让自己的品牌在消费者心中占据一个词汇

当提到“蒙牛”这一品牌的时候，人们通常会想到特仑苏纯牛奶。到目前为止，特仑苏依然是高端乳制品行业的领先品牌。

“不是所有牛奶都叫特仑苏”是蒙牛多年来使用的营销口号。从那以后，人们走亲访友拎的袋装奶开始逐渐消失了，取代它的是多种多样的高端精装奶制品。

为什么蒙牛有这么多品种，却没有削弱品牌的力量呢？因为当顾客环顾铺面，看到一箱箱各式各样的纯牛奶时，他会说：“请给我一箱特仑苏。”由此可见，在消费者的心中早已锁定了一个高端纯牛奶品牌。

与蒙牛拥有“特仑苏纯牛奶”这个词一样，诺华拥有“支原净”这个词，可口可乐拥有“可乐”这个词，勃林格拥有“猪蓝耳病”这个词，双汇拥有“冷鲜肉”这个词，而伊利拥有“优酸乳”这个词。

当人们普遍都使用你的品牌名称时，你的品牌已经代表了它所在的品类。只有依靠成为第一品牌并且建立一个品类，才能成为该品类的代名词。因此，如果你不是这个品类的第一，就要通过聚焦来创造一个新品类。

词汇是创建品牌的关键。当人们心中认为某一物体是大的或小的、美的或丑的、暗的或亮的时，视觉才具有真正的意义。你可以忽略产品所具备的种种属性，可是却无法在人们的心中将这些产品属性与品牌名联系起来。为了进入消费者心中，必须把品牌的要素减少到某个单一的概念或特性，而这个概念或特性是同品类中其他品牌所没有的。

一旦一个品牌占据了一个词汇，其竞争者就很难从该品牌夺走这一词汇了。虽然企业能够生产出比 Yang Sang 更富自在感的彩妆产品，但是却不能在消费者心智中占据“自在”这个词。因为优先占据词汇的品牌往往很难被赶超。

词汇，是创建品牌的关键。当然，在这个视觉化的世界中，产品的外形、颜色、质地和尺寸也很重要。但是如果离开人们的认知，这些因素也会变得毫无意义。只有当人们心中认为某一事物是大的或小的、美的或丑的时，视觉才具有真正的意义。

简言之，想要进行长期的品牌建设，不仅要想一想你的品牌在现有市场上能占到多少份额，更应该问问自己的品牌通过聚焦和在人们心中占据一个词汇后能创造多大的市场。

信誉：品牌成功的关键因素是其可信度的诉求

一个品牌应该有一个诉求，要超越其他任何诉求。有了这样的诉求，自己的品牌才能被提升到竞争对手之上，使它更加可信。

当可口可乐公司第一次提出“正宗”这一诉求时，顾客们便马上做出了回应：“是的。”他们齐声赞同：“可口可乐就是正宗的可乐，其他的都是仿制。”这就是品牌的可信度。即使在今天，“正宗的可乐”还是和可口可乐紧密联系在一起。

在公关过程中，可信度是特别重要的。比如，当记者正在写一篇关于肉禽产业化趋势的报道时，他最可能先致电给温氏；当记者正在写一篇关于可乐的报道时，他总会第一个打电话给可口可乐；当一位记者正在写一篇关于计算机软件的报道时，他可能首先会想到微软。

许多公司在运作品牌策划时，几乎都忽视了可信度问题。当随手翻开一堆印刷广告或者观看一系列的电视商业广告时，人们通常会发现这样的描述：口感良好、省钱、洁白牙齿、安装容易、更大的、更小的、更轻的、更快的、更便宜的。

尽管这些都是潜在顾客的兴趣所在，但由于缺乏可信度，因此通常都被忽略了。当产品的这些好处由品牌的信誉度支撑时，就会更有说服力。

古人云，“人无信而不立”“人而无信，不知其可也”。信用对于个人重要，对于品牌来说也同样重要。格力是以“好空调 格力造”赢得客户信赖的品牌，其宣传的“一条龙服务、24 小时热线咨询、五星级标准服务”等承诺被一一落实，在消费者心目中形成了家电第一服务品牌的良好形象。

缺乏信用，不但会制约品牌的发展，还会使本已成熟稳定的品牌陷入资金危机、用户危机和生存危机。特别是在知识经济和网络时代，如果不讲信用和商誉，品牌就无法生存。

品牌信誉是维护顾客品牌忠诚度的前提，也是品牌维持其魅力的法宝。如何来建立品牌信誉呢?

（1）品牌信誉建立在品牌的优质产品和服务的基础之上，是品牌理念长期贯彻的结果。品牌一旦在用户心目中树立了良好的信誉，不仅可以影响到现有用户的行为，而且还会影响未来用户的行为。

（2）品牌信誉的建立依赖于品牌在与供应商、销售商、金融机构等打交道的过程中，严格履行合同，取信于人。

（3）品牌信誉的建立还依赖于品牌善于履行其社会责任及义务。信誉本身虽然是看不见、摸不着的，但是它却构成了品牌无形形象的主体。

质量：产品的质量很重要

质量是企业的生命!

只有品质优良的产品才能帮企业支撑起市场，并使企业发展壮大。产品的质量是保证企业能够持续发展的基础，影响着企业在市场上的口碑，决定着企业的品牌效应。

消费者在购买轿车的时候，一定会看重质量。多数汽车购买者都会买他们负担得起的质量最好的汽车。如果你想创建一个强大的品牌，就必须在顾客心中建立强大的质量认知。如何才能做到这一点呢？

1. 遵循品牌定律

在顾客心中建立质量认知的最好办法是，遵循品牌定律。众所周知，专家具有“更高的质量”，心脏病专家比全科医生对心脏的了解更多。可是现实中很多公司却想成为一个“全科医生”，这就违背了扩张定律。

2. 为品牌取个好名字

如果其他所有因素都不相上下，有个好名字的品牌就会脱颖而出。当品牌延伸成为一个通才时，就会丧失选取强大名字的能力。通用电气、通用汽车、通用动力也许很有名，但作为品牌它们是虚弱的，因为它们涉猎的范畴太广泛了。

这些综合性的品牌所属的公司无论是在销售、利润，还是股市净值方面，都是全球一流的。但是，一个虚弱的品牌能够取得销售上的成功，这是因为它的竞争对手有着一个更加虚弱的品牌。

通用电气的多数竞争对手也有个综合性的品牌，像西屋、西门子和联合技术。当两个虚弱品牌相互竞争时，谁会获胜呢？与竞争品牌相比，自然是一个不太虚弱的品牌会胜出。通用电气、通用汽车综合性品牌看似强大，其实很虚弱。当它们与专家品牌进行竞争时，是很难获得有利地位的。

3. 定个高价格

为品牌创建高品质形象的时候，要定个高价格。像劳力士、哈根达斯、奔驰、劳斯莱斯、万宝龙、香槟王、皇家芝华士、绝对伏特加、杰克丹尼和丽嘉这样的品牌，就是从高价格里获益的。

对消费者来说，高价格可以让有钱的消费者从购买和消费高价商品中获得精神上的满足。戴劳力士表不是因为顾客需要更精准的时间，是想让其他人知道他戴得起。

名牌之所以成为名牌，是因为它是消费者心目中广为传播、备受赞誉、可信度高的品牌，是因为它是具有高质量的产品。创新品牌，从质量开始。

命名：从长远来看，品牌不过是一个名字

品牌命名是创立品牌的第一步。一个好名字，是一个企业、一种产品拥有的一笔永久性的精神财富。企业只要其名称、商标一经登记注册，就拥有了对该名称的独家使用权。

在品牌策略中，最重要的就是给你的产品或服务起一个名字。因为从长远来看，品牌不过就是一个名字。开始的时候，品牌需要的是一个赖以生存的独特创意或概念，需要第一个进入一个新品类，需要在人们心中占据某个词汇。可是随着品牌的不断发展，这种独特的创意或概念会逐渐消失，取而代之的是你和竞争对手的品牌名称的不同。

诺华是推出第一个猪用慢性呼吸道药物支原净，这个独特的概念使诺华成为消费者心中强大的品牌。但是到了今天，所有品牌的慢性呼吸道药都是类似支原净，它们的区别已经不在产品上，而在于产品的名字。或者更进一步地说，是人们对于品牌名的认知。

使用支原净的猪呼吸道病发生率低、恢复快速；支原净使用方

便，可以直接混料饲喂，省时省力，很容易规模化操作和使用。今天，所有的这些不同之处都不存在了，但是诺华仍然被认为是最好的猪呼吸道品牌，其中的一个原因就是它的品牌名。这个名字很简短、独特，还暗示着很高的科技含量。

品牌命名的原则

1. 合法，得到法律的保护

在给品牌命名的时候，首先要能够在法律上得到保护，也就是要合法。再好的名字，如果不能注册，得不到法律保护，就不是真正属于自己的品牌。

2000 年的保暖内衣大战中，“南极人”品牌由于缺乏保护，被数十个厂家共用，非常可惜。很多厂家对同一个品牌进行了掠夺性的使用，消费者不明就里、难分彼此。同一个品牌，价格不同、品质不同，最后消费者把账都算到了“南极人”这个品牌上，逐渐对其失去了信任。由此可见，一个品牌是否合法即能否受到保护是多么重要。

2. 尊重文化与跨越地理限制

世界各国、各地区消费者，其历史文化、风俗习惯、价值观念等是有一定的差异的，他们对同一品牌的看法也会有所不同。如果只以汉字命名，在走出国门时，经常会让当地人感到莫名其妙；即使用汉语拼音作为变通措施，也是行不通的，因为外国人并不懂拼音所代表的含义。

例如：长虹以其汉语拼音“CHANGHONG”作为附注商标，但“CHANGHONG”在外国人眼里却没有任何含义。与此相反，海信则注册了“HiSense”的英文商标。这个商标来自“high sense”，是

“高灵敏、高清晰”的意思，非常符合其产品特性。同时，“high sense”又可以翻译为“高远的见识”，体现了品牌的远大理想。

3. 简单易懂，容易记忆

为品牌取名字的时候，要遵循简洁的原则。今天，消费者耳熟能详的一些品牌莫不如此，温氏、999、脑白金、六合、新希望、正大、雏鹰、后羿、天康等，都非常简单好记。

IBM是全球十大品牌之一，是世界上最大的电脑制造商，被誉为“蓝色巨人”。它的全称是“国际商用机器公司”（International Business Machines），这个名称不但难记，而且不易读写。后来，公司设计出了简单的“IBM”的字体造型，因此而造就了其高科技领域的领导者形象。

4. 朗朗上口，容易传播

给品牌命名的时候，要朗朗上口，易于传播。吉普（Jeep）汽车的车身都带有GP标志，并标明是通用型越野车。Jeep是通用型的英文“general purpose”首字缩写“GP”的发音，易于朗读。

5. 正面联想，没有歧义

金利来在给自己取名的时候，开始的时候用的是“金狮”。可是，对于香港人说来，是“尽输”的意思。香港人非常讲究吉利，面对如此忌讳的名字自然无人光顾。

后来，曾宪梓先生将Goldlion分成了两部分，前部分“Gold”译为金，后部分“lion”音译为利来，取名“金利来”。在这之后，这个吉祥如意的名字立刻就为金利来带来了好运。从一定意义上来说，“金利来”能够取得今天的成就，与它这个名字是有着一定关系的。

6. 暗示产品属性

有一些品牌，人们可以从它的名字一眼就看出它是什么类型的产品，如脑白金、支原净、种猪宝、多仔王、妈咪旺、速大壮等。育雏宝用于雏禽，恰当地表达了产品对雏禽体质增强的特点；多维素用于饲料，准确地展现了产品补充维生素的属性。

7. 有利于企业的多向发展

在给品牌命名时就要考虑到，即使品牌发展到一定阶段时也要能够适应。对于一个多元化的品牌，如果品牌名称和某类产品联系太过紧密，今后品牌是很难扩展到其他产品类型的。一般情况下，不具有具体意义而又不带任何负面效应的品牌名，比较适合于今后的品牌延伸。

例如，索尼（SONY）。不论是中文名，还是英文名，都没有具体的内涵。仅从名称上，是很难联想到任何类型的产品的，因此索尼品牌可以扩展到任何产品领域。

品牌命名法

1. 立势命名法

有远见的商业品牌通常都要心存壮志，制定一个强势的品牌名字，说出来才会铿锵有力、挟着一股气势，这就是“立势命名法”。

使用这种命名法给品牌起名的时候，一般不会超过三个汉字，英文长度一般不超过八个字母，发音呈现上扬的风格，发出的音调洪亮清晰，有气魄、有气势；而且发音在结构上相互对称，豪情万丈。例如，中粮、双汇、伊利、蒙牛、正大、正邦、温氏等，在品牌建立的命名上就明确了志存高远的企业价值观。

2. 醒势命名法

使用这种命名法为品牌命名，可以清晰地映射出产业的背景，吻合行业特征，暗含有商品属性与服务定位的寓意；或者，清晰锁定目标群体，并与之相互协调。

太太（口服液）是一种专门为已婚妇女设计的营养补品，有了这个品牌名称，即使不用过多的言语描述，一听就能知道它所面对的消费者是谁。再加上，使用鲜红色彩，更加体现出了该品牌的利益诉求。除此之外，同样锁定目标人群的品牌还有多蛋乐（蛋禽用）、种猪宝（种猪用）、多能钙（补钙专用）等。

3. 取势命名法

一个新颖、独特的品牌名称能使普通产品变得更加富有吸引力，演绎出优美的意境，给消费者带来欢乐和享受的美好祝愿。

每到逢年过节，红色的可口可乐就会推出喜庆的胖阿福卡通形象的广告片，取势于中国人吉祥、好运。百事可乐深受启发，紧跟其后推出了一句“祝你百事可乐”，这样使品牌与广告语得到了完美融合。

这种集美好祝福与愿望于品牌名称之中的命名方法，可以制造出一种内在的消费行为驱动力，当消费者感受到其中的美好含义之后，很容易最终转化成消费动机、购买行动。

4. 审势命名法

在给品牌命名的时候，有些企业会客观审视自己的长处、已有资源的优势，把企业品牌与自身所独有的这种优势结合起来，由此设计出一个好的品牌名。

使用这种方法命名的时候，可以和当地地名、特色、特产联系起来，通过人们对于地域的信任，衍生出对产品和商业品牌的信任感；也可以与产品类型直接结合起来，使品牌传播出去的时候连带到产品，给人以完整的感觉。

青岛（啤酒），就是以地名和产品类型组合命名的中国著名品牌。每次一听到“青岛”两个字，人们通常都会自然联想到这座美丽的海滨城市。消费者在对青岛认同的基础上，自然就会衍生出对青岛啤酒的认同，建立起类似于等号的品牌识别关联。

5. 预势命名法

很多时候，预势也是一种极为重要的商业能力。在给自己的品牌命名的时候，有些企业会客观有效地预测品牌未来、建立着眼于未来的品牌战略，并由此命名品牌，这就是所谓的“预势命名法”。

多年前，著名的美国埃克森美孚（Exxon Mobil）公司，为了设计出既适应世界各地风俗，又符合各个国家法律的名字和图案，邀请了很多的专家和机构，历时六年、耗资一亿美元，对55个国家和地区进行了调查，最后才确定了埃克森（EXXON）这个命名。今天，这个品牌名已经在全球通行，品牌价值已经达到了上百亿美元。

6. 借势命名法

有些公司在给自己的品牌命名的时候，会直接借用、挪用、占用已有传播影响力基础的词汇，不会自己组字构词，这样的命名方法就是“借势命名法”。

福建七匹狼，在给品牌命名的时候，就借用了中国台湾电影《七匹狼》的名字。他们巧妙地借用了这个名字，并且深入地进行品牌文化挖掘，将狼的勇敢、自强、桀骜不驯等特征与目标人群风格紧密联结起来。然后，他们又聘请以流行歌曲《北方的狼》成名的中国台湾知名歌手齐秦做品牌形象代言人，使两只“狼”相互映衬，取得了非凡的效果。

河南后羿，同样也是借用了历史典故，取得了非常好的效果。

7. 溶势命名法

有些公司命名品牌的时候，融合当地文化背景与当地消费者接受习惯，溶入品牌已有的产品功能或者品类优势，取一个恰如其分的好名称，这就是“溶势命名法”。最典型的例子就是宝洁！

最早在广州成立的日化用品合资企业命名为广州宝洁，这个名字与产品类别的功能诉求息息相关，与其始终传递的社会及文化内涵遥相呼应。

在宝洁的众多子品牌中，每个品牌名称几乎都是朗朗上口并具有一定含义的：

飘柔：这款洗发水产品不仅能够清洗干净头发，还可以让你的秀发更飘逸、更柔顺。

帮宝适：这是一款能够帮助宝宝获得舒适感受的产品。

护舒宝：它会把你当宝贝一样精心护理，让女性舒服度过月经周期。

舒肤佳：使用这款皂类产品会让你皮肤又“舒”又“佳”。

汰渍：使用这种洗衣粉，可以有效淘汰掉衣服上的油渍、污渍，以及其他各种顽渍。

延伸：要毁灭一个品牌，就把品牌名用在所有的产品上

品牌延伸是品牌策略的重要方面，对于拥有顾客忠诚的某种品牌来说，要想使品牌永葆吸引力，使其能长期受到顾客的青睐，就要不断追求品牌的延伸。

在美国的杂货店和药店出售的新产品中，90% 以上都是由产品线延伸而制造出来的。可是，很多产品线延伸品都放在货架上积满灰尘。17 世纪中叶，在米勒淡啤酒推出以前，市场上有 3 个主要的啤酒品牌：百威、米勒高品质生活、酷尔斯宴会。

今天，这3个品牌已经变成了14个：百威、百威淡啤、百威干啤、百威冰啤、米勒高品质生活、米勒淡啤、米勒纯生、米勒纯生淡啤、米勒珍藏、米勒珍藏淡啤、米勒珍藏琥珀浓啤、酷尔斯、酷尔斯淡啤、酷尔斯特金。可是，这14个品牌的市场份额根本就没有超过过去3个品牌所制造的市场份额。

这就告诉我们，当顾客没有明确地要购买你的产品时，根本就没有必要创造更多的品牌来满足那些顾客，消费者实际需要更少的品牌。可是，制造商却不会这样想。为了提高销售量，制造商就会一厢情愿地生产出更多的品牌；当一个品类的销售不断增加时，就有了创建新品牌的契机，可是制造商却认为不需要新品牌。

有些企业之所以要延长产品线，主要因为自己喜欢模仿竞争对手。米勒推出米勒淡啤后，市场上很快相继出现了舒立滋淡啤、酷尔斯淡啤、百威淡啤、布希淡啤、麦基罗淡啤、蓝带淡啤……米勒为什么会推出一个没人听说过的品牌——“常规米勒”？因为安海斯—布希有“常规百威”，酷尔斯有“常规酷尔斯”……这就是制造商的思维方式，是不是很可笑？

有些管理层用延伸定律上错误的一端来衡量结果，仅仅衡量了品牌延伸成功的一面，没有看到核心品牌受到侵蚀的一面。因此，就造就了90%的新品牌都是产品线的延伸这种情况。

强大的品牌所占的市场份额应该接近50%，就像可口可乐、亨氏、吉露、嘉宝一样。但是，这样的品牌并不多，很多大品牌都因为产品线延伸而趋向消亡。

由此可见，要想让自己的品牌获得长足发展，就要限制一下品牌的扩张。在进行产品线延伸前，要仔细想一想：如果市场超乎你的想象，最好守住原有的阵地，然后推出你的第二品牌；如果不是，继续建设你的原有品牌。

对企业来说，品牌延伸既可能是一本万利的好事，也可能使你掉入万劫不复的深渊。品牌延伸应以尽量避免与品牌原有核心价值与个性相抵触为原则。在创新品牌模式的过程中，要有效规避品牌延伸风险，大力发挥品牌延伸的作用，使企业迅速上新台阶。

通常来说，进行品牌延伸的时候，要遵从以下规律：

1. 品牌核心价值的包容力

一个成功的品牌有其独特的核心价值，如果这一核心价值与基本识别能包容延伸产品，就可以大胆地进行品牌延伸。反过来，品牌延伸应以尽量避免与品牌原有核心价值与个性相抵触为原则。

2. 新老产品之间有较高的关联度

关联度较高、门类接近的产品可以共用同一个品牌。关联度高导致消费者会因为同样或类似的理由而认可并购买某一个品牌，这是品牌核心价值派生出来的考虑因素。

当品牌的质量保证是消费者与客户购买产品的主要原因的时候，品牌可延伸于这一系列产品，如电器、工业用品；而可细分、个性化、感性化和细腻化的产品很难与别的产品共用同一品牌。

3. 财力弱、品牌推广能差力的企业尽量考虑品牌延伸

宝洁较少进行品牌延伸，一方面是因为行业与产品易于细分化，可以通过性格迥异的多个品牌来增加对不同消费群的吸引力；另一方面是因为宝洁拥有雄厚的财力和很强的品牌营销能力。

4. 在市场容量较小的市场环境中尽量采用品牌延伸

企业所处的市场环境与企业产品的市场容量也会影响品牌决策，有时甚至会起决定性作用。任何一个行业的市场容量都是十分有限的，当营业额不够成功推广一个品牌所需的费用时，可以采用“一

牌多品”策略。

5. 竞争对手开始品牌延伸，延伸的风险就会被中和掉

很多品牌延伸后，尽管新产品在成名品牌的强力拉动下起来了，但原产品的销售却下降了。娃哈哈的品牌延伸之所以没有出现这种现象，不仅在于娃哈哈品牌核心价值能包容新老产品，重点就在于其对手乐百氏也在做类似的品牌延伸。

6. 重视企业发展新产品的目的

如果企业发展新产品的目的仅仅是发挥成功品牌的市场促销力，搭便车卖一点，那么即使不符合品牌延伸的一些基本原则也可以延伸。不过在操作时，新产品应尽量少发布一些广告，否则会将品牌的原有个性破坏掉。

7. 市场竞争不激烈的品牌延伸有助于品牌延伸的成功

竞争格局对品牌延伸决策有着重要的影响。如果延伸产品的市场竞争不激烈，不存在强势的专业大品牌，就可以大胆地进行品牌延伸；反之，则不能进行。

8. 进入市场空当与无竞争领域容易成功

TCL之所以能够从电话机行业成功地延伸到了彩电业，主要原因就在于选准了当时大屏幕彩电还没有被彩电业领导品牌所重视的机会点；海尔之所以能够切入彩电业，就是因为选择了彩电数字化导致传统模拟彩电巨头原有的技术领先优势不再显著的大好时机。

第四章

营销模式创新

——企业生存与发展的血液和生命源

实现各项目标的关键在于营销观念的创新

关系营销：建立和发展与公众的良好关系

赛百味是一个总部设在美国的三明治特许经营商，从1970年成立开始，就应用关系营销和忠诚度营销建立起了自己的品牌市场。

关系营销是赛百味营销战略的基石。赛百味在实施这种关系营销策略的时候，主要涉及三方面的内容：客户意识、试用和消费量。当所有的受许商都在为全国性广告开支出资的时候，赛百味却在每个区域建立了当地的部门，因为当地受许商都知道最好的资金运用方法。

不管在什么地方，为了塑造客户的忠诚度，赛百味都会给常客一些优惠，比如，当客户第一次惠顾时，他们会赠予会员卡，使之成为“赛百味俱乐部”会员；以后只要顾客惠顾，该会员都会得到积分；当积分达到一定数量后，他们就送给他一份免费赛百味产品。事实证明，这种做法很有效，因为它鼓励顾客多消费。

使用这种营销方式的企业，通常都把营销活动看成了企业与消费者、供应商、分销商、竞争者、政府机构和其他公众发生互动作用的过程，主要是要和这些用户建立和发展起一种良性关系。在使用这种营销方式的时候，必须遵循这样一些原则：

1. 主动沟通原则

在关系营销中，企业要主动与消费者接触和联系，相互沟通信息，了解情况，主动为消费者提供服务，或为消费者解决困难和问题，增强伙伴合作关系。

2. 承诺信任原则

在关系营销中，要想赢得信任，企业要向消费者作出一系列的书面或口头承诺，用自己的行为来履行诺言。承诺，其实质是一种自信的表现；履行承诺，是维护和尊重消费者利益的体现，也是获得消费者信任的关键，是企业与消费者保持融洽关系的基础。

3. 互惠原则

在与消费者交往的过程中，必须满足消费者的经济利益，要在公平、公正、公开的条件下进行价值交换，使消费者能得到实惠。

整合营销：将各种营销工具和手段的系统化进行结合

2005年和2006年，多芬发起了一股“真美运动”热潮。

基于详尽的消费者调查，针对只有2%的女性认为自己美丽的情况，多芬提出了自己对这一现象的解析：“什么是美?”——自然是美，内心是美，要学会欣赏自己的美丽。

从这个具有话题性的主题出发，多芬对线上线下做了整合，运用多种创意媒体、概念作推广，取得了非常好的效果。2005年，多芬产品实现了5.35亿美元的销售额，同比增长12.5%；2006年，多芬品牌的销售额增长了10.1%，增至5.89亿美元。

基于互联网上相关的资料，在推广的过程中，多芬做了这样的一些努力：

（1）悬念引出

多芬在《TIME OUT》杂志上刊登了“寻找欣赏自己曲线的乐观女性”广告报名，最终选出了6位丰满的女性。2004年3月29日，这些人穿着统一的白色内衣，在“真人广告”（伦敦）露面。

（2）权威美丽调查报告出炉

多芬发起并赞助了“美丽的真谛——女性、美丽和幸福全球调查”。这个调查一共分为三个部分：第一，对全球118个国家22种语言的相关文献进行整理，得到对美丽的传统观念和看法；第二，对10个国家3200名女性进行电话访问；第三，撰写调查报告，发布白皮书和专家评述。

多芬赞助的调查从表面看起来是关于普通社会民意的调查，其实做的每一件事都是和公司自身利益密切相关的。通过调查，不仅可以让他们对消费者的心理多一些了解，还有助于和竞争对手形成差异，更有利于树立企业的社会责任感形象。

（3）借助专家的影响

2004年9月29日，召开了“多芬峰会”。会议邀请到了哈佛心理学教授 Nancy Etcof 和著名的英国心理治疗师 Susie Orbach，共同探讨如何将已在英国开展3年的 Body Talk 扩展到其他国家。

（4）活动开启

2004年10月，“多芬真美运动”正式拉开帷幕。其主要目的是为了启发女性认真思考一下关于美丽的问题，如社会对美丽的定义问题、要求完美的问题、美丽和身体吸引力之间的差别、媒体塑造美丽形象的过程和手法。

多芬还推出一组新广告。在这组广告中，多芬另外选用了6位22~95岁的“典型女性”，她们自信、生动、充满活力；同时，还在她们的照片上提出了诸如“有皱纹还是非常棒”“灰色，还是出色”“超重，还是出色”“半空，还是半满”“瑕疵，还是无瑕”等问题。

人们只要登录网站就可以进行美丽投票，投票结果可以立即显示出来，效果异常震撼。同时，这些讨论和投票结果也出现在了户外显示屏上。在户外人流密集的地方，多芬的品牌也得到了广泛的传播。

（5）知名卡通形象公关

2005年2月，多芬启动了以众人熟知的女性卡通形象为主角的多芬最新美发产品广告，这些动画人物都是一些大家耳熟能详的标志性人物，是值得信赖的，和大众有着一定的相似性，但是她们的发型却一直都没有改变。多芬公司抓住机会，对这些人物的发型进行了改变，突出了多芬功能型美发产品的功效。

这些卡通人物的形象出现在了电视广告、顶尖杂志上。此外，多芬公司还合理运用了公关、店内促销、互外媒体和其他一些营销手段……这次活动从概念到执行都做得非常成功，很多地方都比较新颖，值得借鉴。

在企业的发展过程中，有些企业会将各种营销工具和手段的系统化结合起来，根据环境进行即时性的动态修正，使双方在交互中实现价值增值，这就是整合营销。企业之所以要选用这种营销策略，通常都是为了建立、维护和传播品牌，加强客户关系，对品牌进行计划、实施和监督。

使用这种策略的时候，企业会把各个独立的营销综合成一个整体，产生出巨大的协同效应。这些独立的营销工作主要包括广告、直接营销、销售促进、人员推销、包装、事件、赞助和客户服务。整合营销的实施是一项庞大的系统工程，会涉及很多部门和活动，具体来说，有以下几点：

1. 建立数据库

整合营销规划的起点是建立数据库。数据库是记录顾客信息的名单，含有每个顾客或潜在顾客的有关营销数据，包括历史数据和预测数据。

其中，历史数据记录了顾客的姓名、地址、最新购买、购买次数、对优惠措施的回应、购买价值等历史信息；预测数据则通过对顾客属性进行打分，判断出哪个群体更可能对特定优惠做出回应，可以让企业对顾客未来的行为多一些了解。

2. 选择目标市场

根据数据库资料，企业可以首先进行市场细分，在此基础上，选择企业就可以草拟出进入的目标市场，并进行相应的市场定位。

同时，在特定的目标市场，要根据消费者及潜在消费者的行为信息将其分为三类：本品牌的忠诚消费者、他品牌的忠诚消费者和游移消费者。然后，依据他们在品牌认知、信息接收方式和渠道偏好等方面的差异，有针对性地开展各项营销活动。

3. 进行接触管理

整合营销的起点和终点都是消费者，无论是企业的价值供应活动，还是营销传播活动，都是建立在4C基础上的。需要注意的是，在买卖双方之间存在一定的界面，只有通过某种接触通道才能将二者联系在一起，实现价值共享。

每个接触通道都是一种营销沟通工具，也就是说，接触管理要解决的问题是合理选择与消费者进行沟通的时间、地点、方式，具体做法是：

首先，确定目标消费者的所有可能接触通道，列出影响消费者购买或使用产品的接触渠道清单。

其次，对清单进行分析，找出能够诱发消费者联想到产品和品牌的重要接触点，确定最能影响消费者购买决策的关键通道，找到最能影响潜在消费者信息传递的关键通道。

最后，为不同类别的消费者分别确定明确的营销沟通目标。

4. 制定营销战略

将上面的这些步骤进行完之后，要依据数据库提供的营销数据，制定出明确的营销战略目标；同时，将其与企业战略、企业的其他业务有效结合起来，实现企业层次的营销整合。

5. 选择营销工具

在营销战略目标的指导下，根据消费者的需求和欲望、消费者愿意付出的成本、消费者对购买便利的需求，以及消费者的沟通方式，来确定具体的营销工具；同时，找到最关键的工具，将其与其他营销工具进行整合。

6. 进行沟通整合

沟通整合是整合营销的最后一步，也是非常重要的一个步骤。这时候，要根据顾客信息，为不同行为类型的消费者分别确定不同的传播目标，使用不同的传播工具，如广告、营业推广、公共关系、人员推销等；并根据实际情况的需要，将多种工具结合起来一起使用，整合成一种强有力的协同力量。

绿色营销：将企业利益、消费者利益和环境保护利益统一起来

2006年7月5日，格兰仕在北京推出了“绿色回收废旧家电——光波升级以旧换新”活动，消费者手中任何品牌的废旧家电，都可以折换30～100元，用于购买格兰仕部分型号微波炉和小家电的优惠。同时，格兰仕联合专业环保公司，对回收的废旧小家电进行环保处理，为绿色奥运做出了自己的贡献。

这次活动一经推出，格兰仕北京市场连续3日单日销售都突破了1000台，高端光波炉的销售同比增长了69.6%。北京电视台、《北京晚报》《北京青年报》《中国青年报》《京华时报》《北京娱乐信报》《中国经营报》等都对活动进行了追踪报道。之后，活动向山东、福建、辽宁、云南、吉林、重庆等10多个省、市蔓延。就这样，格兰仕“绿色回收废旧家电”活动成了2006年淡季小家电市场的一道亮丽风景。

近年来，随着我国经济的发展，人民生活水平的提高，我国公民的环保意识不断提升，越来越多的人开始关注绿色消费。事实证明，如果品牌或产品给消费者树立了环保和绿色的理念，在消费者心中就会提高品牌的认知度。格兰仕巧妙地利用了奥运会这个好的时机，迎合了当时人们为了迎接奥运、办绿色奥运的心态，成功地得到了众多媒体的关注，不仅使自己的销售量剧增，还通过这次活动在消费者面前树立了良好的品牌形象。

格兰仕的成功再一次说明，当企业具有一定的社会责任感时，是很容易得到消费者的认同的。今天，我们的营销环境已经有了很大的不同——朝着绿色环保的方向发展。作为营销者，只有在心中

藏有绿色营销的概念，才能像格兰仕一样抓住有利的时机来开展营销。

那么，究竟什么是绿色营销呢？所谓绿色营销，是指企业在生产经营过程中，将企业自身利益、消费者利益和环境保护利益三者统一起来，以此为中心，对产品和服务进行构思、设计、销售和制造。企业以环境保护为经营指导思想，以绿色文化为价值观念，以消费者的绿色消费为中心和出发点，来做营销。

通常来说，绿色营销包括这样五方面的内容：

1. 树立绿色营销观念

传统营销观念认为，在市场经济条件下生产经营，企业要时刻关注消费者的需求、企业自身条件和竞争者状况；而且，满足消费需求、改善企业条件、创造比竞争者更有利的优势，便能取得不错的市场营销的成效。而绿色营销观念，为传统营销观念增添了新的思想内容。

企业生产经营研究的首要问题是与绿色营销环境的关系。企业营销决策的制定必须建立在有利于节约能源、资源和保护自然环境的基点上，要在传统需求理论的基础上，着眼于绿色需求的研究。

与传统的社会营销观念相比，绿色营销观念注重的社会利益更明确定位于节能与环保，立足于可持续发展，放眼于社会经济的长远利益与全球利益。

2. 设计绿色产品

产品策略是市场营销的首要策略，企业实施绿色营销必须以绿色产品为载体，为社会和消费者提供满足绿色需求的绿色产品。所谓绿色产品，是指对社会、对环境改善有利的产品。与传统同类产品相比，绿色产品至少具有下列特征：

（1）产品的核心功能既要能满足消费者的传统需要，符合相应的技术和质量标准，更要满足对社会、自然环境和人类身心健康有利的绿色需求，符合有关环保和安全卫生的标准。

（2）产品的实体部分应减少资源的消耗，尽可能利用再生资源。产品实体中不要添加对环境和人体健康有害的原料、辅料。在产品制造过程中，要消除“三废”对环境的污染。

（3）产品的包装要减少对资源的消耗，包装的废弃物和产品报废后的残物要尽可能成为新的资源。

（4）要将产品生产和销售的着眼点，放在指导消费者正确消费、建立全新的生产美学观念上。

3. 制定绿色产品的价格

价格是市场的敏感因素，定价是市场营销的重要策略，实施绿色营销不能不研究绿色产品价格的制定。一般来说，绿色产品在市场的投入期，生产成本会高于同类传统产品。通常来说，绿色产品成本主要包括这样几方面：

（1）在产品开发中，增加或改善环保功能而支付的研制经费。

（2）在产品制造中，研制对环境和人体无污染、无伤害而增加的工艺成本。

（3）使用新的绿色原料、辅料，可能增加的资源成本。

（4）实施绿色营销可能增加的管理成本、销售费用。

在这个过程中，即使产品价格会上升，也是暂时的。随着科学技术的发展和各种环保措施的完善，绿色产品的制造成本会逐步下降，趋向稳定。

4. 选择绿色营销的渠道策略

所谓绿色营销渠道，是指绿色产品从生产者转移到消费者所经过的通道。企业实施绿色营销必须建立稳定的绿色营销渠道，策略上可从以下几方面努力：

（1）启发和引导中间商的绿色意识，建立与中间商恰当的利益关系，不断发现和选择热心的营销伙伴，逐步建立稳定的营销网络。

（2）注重营销渠道有关环节的工作。为了真正实施绿色营销，从绿色交通工具的选择、绿色仓库的建立，到绿色装卸、运输、储存、管理办法的制定与实施，都要认真做好。

（3）尽可能建立短渠道、宽渠道，减少渠道资源消耗，降低渠道费用。

5. 搞好绿色营销的促销活动

在进行绿色营销的时候，企业可以通过绿色促销媒体，传递绿色信息，指导绿色消费，启发引导消费者的绿色需求，最终促成购买行为，这就是绿色促销。

可以使用的绿色促销手段主要有这样几种（见表4－1）：

表4－1　绿色促销手段的主要种类

种　类	说　明
绿色广告	通过广告定位产品的绿色功能，引导消费者理解并接受广告诉求。在绿色产品的市场投入期和成长期，通过量大、面广的绿色广告，可以营造出市场营销的绿色氛围，激发起消费者的购买欲望
绿色推广	绿色营销人员要进行绿色推销和营业推广，从销售现场到推销实地，直接向消费者宣传、推广产品绿色信息，讲解、示范产品的绿色功能，回答消费者的咨询，宣讲绿色营销的各种环境现状和发展趋势，激发起消费者的消费欲望。同时，为了引起消费者的兴趣，可以实施试用、馈赠、竞赛、优惠等策略，促成购买行为
绿色公关	企业的公关人员可以参与一系列公关活动，如发表文章、演讲、播放影视资料，社交联谊、参与环保公益活动、赞助等，广泛与社会公众进行接触，增强公众的绿色意识，树立企业的绿色形象，为绿色营销建立广泛的社会基础，促进绿色营销业的发展

服务营销：关注顾客为客户提供服务

联邦快递公司成立于1973年，在此之前，还没有一家公司对包裹、货物和重要文件提供门对门翌日送达服务。经过三十多年的发展，联邦快递的业务现在已经遍及世界211个国家。2001年，联邦快递总收入达到196亿美元。

联邦快递可以向客户提供24~48小时内完成清关的门对门服务，快速、准时、可靠。该公司在世界设有43000个收件中心，聘用了约14万名员工。每个工作日，都会在全球的211个国家运送近300万个快件。

联邦快递的电子商务，可以帮助客户缩短产品投入市场的循环时间，不仅为客户运送货物，还向他们传送信息，帮助客户进行原材料的购买、产品的分销，并尽量减少库存，从而有效降低成本。现在，联邦快递大大缩短了从一个地点到另一个地点的运送时间，从制造、测试、组装，到运抵分销中心，用不了一个月的时间全部可以搞定。

2003年，联邦快递在亚洲推出了汇聚崭新功能的“数码笔”，成为首家为亚洲客户提供该项崭新技术的航空速递运输公司。这种笔采用了瑞典高科技公司Anoto的精湛技术。联邦快递全球服务中心的速递人员在收取和运送包裹时，都会使用数码笔，为客户提供更方便快捷的服务。

2004年6月，联邦快递推出了全新网上全球货运时测（GTT）系统，可以协助客户查询货件的运送时间，选择最合适的货运方式。客户只要登录联邦快递网站，就可以运用GTT系统计算出货件来往联邦快递网络内两个或两个以上地点所需的运送时间。

2004年7月，联邦快递又全面启动了全球性服务提升计划，推出了“掌上宝”——无线掌上快件信息处理系统，用于追踪包裹递送状态，更加缩短了取件时间。

作为一个服务性的企业，客户服务管理体现在客户和联邦快递接触的每时每刻。当客户打电话给联邦快递的时候，只要报出发件人的姓名和公司的名称，该客户的一些基本资料和以往的交易记录就会显示出来。当客户提出寄送某种类型的物品时，联邦快递会根据物品的性质给客户提供寄达地海关的一些规定和要求，并提醒客户准备必要的文件。

联邦快递还拥有良好的客户服务信息系统：①一系列的自动运送软件。为了协助顾客上网，联邦快递向顾客提供了自动运送软件。利用这套系统，客户可以方便地安排取货日程、追踪和确认运送路线、列印条码、建立并维护寄送清单、追踪寄送记录。②客户服务线上作业系统。联邦快递从IBM、Avis租车公司和美国航空等处组织了专家，成立了自动化研发小组，建起了COSMOS。在1980年，系统增加了主动跟踪、状态信息显示等重要功能。1997年又推出了网络业务系统Virtual Order。

联邦快递通过这些信息系统的运作，建立起了全球的电子化服务网络，目前有三分之二的货物量是通过Power Ship、FedEx Ship和FedEx interNetShip进行的。

不难发现，联邦快递之所以能够取得成功，主要就在于其独特的服务营销模式。那么，究竟什么是服务营销呢？所谓服务营销，就是企业在充分认识满足消费者需求的前提下，为消费者提供的一系列活动。

企业所做的一切，都要以消费者的需求为最终的出发点和落脚点。作为服务营销的重要环节，“顾客关注”工作质量的高低，决定着续环节的成功与否，影响着服务营销整体方案的效果。

1. 获得一个新顾客比留住一个老顾客花费更大

企业在拓展市场、扩大市场份额的时候，往往会把更多的精力放在发展新顾客上，可是这样做会花费很大的资金。而且，资料显示，新顾客的期望值普遍高于老顾客，发展新顾客的成功率比较低。不可否认，新顾客代表着新的市场，不能忽视。可是，在寻找新顾客的时候，企业也不能忽视老顾客的存在。

2. 除非你能很快弥补损失，否则失去的顾客将永远失去

每个企业对于各自的顾客群都有这样那样的划分方式，因此顾客会享受到不同的顾客政策。可是企业必须清楚地认识到，所有顾客都是我们的衣食父母，不管他们为公司所作的贡献有多大差别，都不能出现顾客歧视，不能轻言放弃顾客，退出市场。

3. 不满意的顾客比满意的顾客拥有更多的“朋友”

竞争对手会利用顾客不满情绪，逐步蚕食其忠诚度，在你的顾客群中扩大不良影响。正是因为这个原因，不满意的顾客才比满意的顾客拥有更多的“朋友”。

4. 畅通沟通渠道

有投诉才有对工作改进的动力，及时处理投诉能提高顾客的满意度、避免顾客忠诚度的下降。畅通沟通渠道，便于企业收集各方反馈信息，有利于市场营销工作的开展。

5. 顾客不总是对的

“顾客永远是对的”是留给顾客的，而不是企业的。企业必须及

时发现并清楚了解顾客与自身所处立场有差异的原因，告诉他们，对其进行积极的引导。当然，最好讲究一定的方法技巧，因为不同的方法会产生不同的结果。

6. 顾客有充分的选择权利

不论你从事的是什么行业，不论你生产的是什么产品，即使是专卖，也不能忽略顾客的选择权。市场是需求的体现，顾客是需求的源泉，一定要尊重顾客的选择权利。

7. 你必须倾听顾客的意见

为客户服务的时候，不能盲目，要有针对性。要想提高客户的忠诚度，企业必须倾听顾客意见，了解他们的需求，并在此基础上为顾客服务，这样才能做到事半功倍。

8. 如果你不相信，顾客怎么会相信

在向顾客推荐新产品或是要求顾客配合进行一项合作时，必须站在顾客的角度，设身处地多为他们考虑。如果自己觉得不合理，绝对不要让他们尝试。如果你都不相信自己的产品，顾客怎么会相信？

9. 如果你不去照顾顾客，别人就会去照顾

市场竞争是激烈的，竞争对手对彼此的顾客都非常关注。企业必须和自己的顾客定期进行沟通，解决顾客提出的问题。忽视了你的顾客，等于拱手将顾客送给了竞争对手。

以上九点都是简单的原则，如果企业能遵循上述原则，定然会取得事半功倍的效果。当然，没有不变和永恒的真理。随着市场的变化和工作经验的不断积累，更多精辟、实用的“顾客关注”法则就会出现，“顾客关注”工作也会推向一个更新的高度。

用别具一格的营销方法赢得创新

合作营销：和其他企业联手共同开发和利用市场

为了企业的发展，两个或两个以上的企业会联合起来共同开发和利用市场机会，实现资源的优势互补，增强市场开拓、渗透与竞争能力，这就是合作营销。采用这种方式进行合作的时候，主厂商之间会共同分担营销费用，协同进行营销传播、品牌建设、产品促销等方面的营销活动，共享营销资源，巩固营销网络目标。采用这种营销方式，可以使联合体内的各成员以较少费用获得较大的营销效果，有时还能达到单独营销无法达到的目的。

1. 合作营销的原则

（1）合作方互利互惠

互利互惠是联合营销最基本的原则，只有合作各方都能得到好处，联合营销才能顺利进行。1998 年 10—11 月，桂格麦片公司在上海联华超市推出了营养麦片超值装（卖 600 克附送 150 克），消费者还可以得到 1 张联华超市 5 元面值的折价券。这一营销活动不但促销了桂格麦片，也促销了华联超市的其他商品，双方能得到了好处，自然会协力同心。

（2）合作方的目标市场相同或相近

要想收到理想的效果，联合各方要有基本一致的目标消费群体。“美宝莲”润唇膏的折价券，是夹在“博士伦”隐形眼镜向其会员寄发的通讯册中发送的。这种联合营销之所以可行，是因为这两种产品有共同的目标消费群体，都是年轻女性。

“嘉龙”牌食用油和“家乐”牌调味粉联合营销的方式是：顾客买一壶油和一组调味粉，就可以减价 3.5 元。这两种产品的目标消费者一致、销售渠道一致，甚至可以放在一个货架上推广，因此产生了比较好的效果。

（3）联合各方的优势互补

产品间、企业间的优势互补，也是联合促销的一个基本原则。2000 年，可口可乐与北京大家宝薯片共同举办了“绝妙搭配好滋味”促销活动。可口可乐是微甜的软饮料，大家宝是微咸的休闲食品，这种搭配可以在口感上相互调剂，甜咸适宜，这就是双方合作的基础。

（4）联合各方的形象要一致

选择联合对象的时候，要考虑对方市场形象的问题。企业树立自己的市场形象并不容易，一旦选择了不适合自己的合作伙伴，有可能损害甚至破坏自己的市场形象，得不偿失。

有的企业定位于高档商品市场，有的企业定位于低档商品市场，如果二者联合就有可能损害自己的形象。如果与一个品牌形象不佳的企业合作营销，还有可能破坏自己的企业形象和品牌形象。

（5）强强联手

合作营销最好是知名企业、知名品牌之间的强强联合，如果是强弱联合或弱弱联合，有可能会起到反作用。

1998 年，柯达胶卷与可口可乐推出了“巨星联手、精彩连环送”的促销活动：消费者购买 6 罐装的可口可乐，就可以获赠 1 张“柯达免费冲卷，免费享受冲 1 卷胶卷的优惠”；反过来，消费者“在柯达快速彩色连锁店冲印整卷胶卷，即可送可口可乐一罐”。由于参与这一活动的都是名牌企业、名牌产品，因此吸引到广大消费者的注意。

2. 合作营销的类型

（1）不同行业企业的联合营销

这种类型是联合促销中最常见的形式，不同行业之间不存在竞争关系，完全可以优势互补。海尔和万达就实现了成功的协同营销。

海尔集团下属的海尔家居集成有限公司与房产商大连万达集团结成战略联盟关系，共同推介了“万达—海尔”联合品牌。在大连万达开发的住宅房地产项目上，海尔家居提供了菜单式装饰、装修集成和室内电器等配套设施，并统一冠名“万达—海尔”房，提高了住宅的品位和知名度。这种不同行业品牌的联合促销能产生名牌叠加效应，达到双赢目的。

（2）同一企业不同品牌的联合营销

芭比娃娃的联合促销活动总是与时俱进，紧跟社会热点，如麦当劳芭比娃娃、哈利·波特芭比娃娃、Burberry 芭比娃娃、PS2 芭比娃娃。很多时尚品牌在进行品牌推广时最先想到的都是与芭比娃娃联手推出新产品，这也让美泰公司节约了大量的开发新产品的费用。

芭比娃娃在全世界超过 150 个国家销售，全世界每秒就有 3 个芭比娃娃被买走，平均每个美国女孩拥有 9 个芭比娃娃，创造了商业奇迹。而穿上时尚新品、遍布世界各地的芭比娃娃则成为各品牌最好的模特。

（3）制造商与经销商之间的联合营销

2003 年 5 月，长虹电器股份有限公司与北京国美电器商场、翠微商厦联合举办了“世界有我更精彩”大型促销活动，买精显王背投彩电送精品 DVD、DAV620 数字家庭影院。这种方式利用了产、销合作各方固有的高度一致的利益关系，在促销这一环节上很容易达成共识，进而联合采取行动。

（4）同行企业之间的联合营销

俗话说“同行是冤家”，但同行之间并不是没有合作的余地。由一家企业单独举办产品看样订货会，是很难吸引较多客商的；如果多家同行企业联合起来，共同展示各自的产品，必然会吸引较多的客商前来看样订货。

品牌营销：用品牌符号把产品输送到消费者心里

20世纪90年代，云系烟在中国市场蓬勃发展，红塔集团的红塔山、阿诗玛等品牌香烟在内地市场更是受到了消费者的广泛追捧。面对这样一个几乎绝对垄断的烟草品牌，安徽蚌埠卷烟厂很难与之抗衡。

1993年6月，安徽蚌埠卷烟厂研发了一种新产品——黄山烟。为了打破红塔山在当时安徽市场的高端产品封锁，蚌埠卷烟厂在安徽省的省会城市合肥搞了一个全国性不记名卷烟品牌品吸活动，将新品黄山、红塔山、阿诗玛、中华等全国著名品牌放在一起进行品牌竞赛。

结果，黄山烟排名第一、红塔山第二、中华第三。随后，公司迅速在市场上发布了资讯：香烟品吸，黄山第一，红塔山第二。同时，连篇累牍的软文迅速在全国主流媒体上传播开来，红塔山一时无法应对。

黄山烟，借助巧妙的公关策略巧妙地化解了强势品牌红塔山在安徽、华东乃至于全国市场的竞争势头，利用极少的资源实现了全国崛起的梦想，创造了弱势品牌巧妙挑战强势品牌的奇迹，成功实现了新产品的上市，不仅让黄山烟赢得了眼球，还赢得了市场。

黄山烟之所以能够取得成功，关键在于巧妙地将各种品牌名烟捆绑在一起，迅速传播，奠定了市场基础。

首先，黄山烟将自己与主流的高端品牌放在一起让消费者与专家去品吸，本身就意味着其产品定位是面向高端市场的竞争性产品，产品品吸本身已经使得黄山拥有了足够的本钱。

其次，在品吸结束的第一时间，将品吸结果在省会城市合肥快速传播开来。黄山第一、红塔山第二的广告铺天盖地，吸引了省内媒体的高度关注。

最后，黄山烟的目标绝不仅仅是省内市场，它要将产品与品牌蛋糕做大。所以，黄山在全国性媒体上巧妙传播了这样一个主题——中国烟草：黄山第一，红塔山第二。这时候，黄山品牌战略企图基本上被发挥到了极致。

黄山烟的营销之所以能够成功，离不开品牌营销战略的实施。采用这种方法，通过市场营销可以让客户形成对企业品牌和产品的认知，让企业获得和保持一定的竞争优势，构建起高品位的营销理念。最高级的营销不是建立庞大的营销网络，而是利用品牌符号，把无形的营销网络铺建到社会公众心里，把产品输送到消费者心里。

2000年左右，中国水市竞争格局基本上已经成为定式。以娃哈哈、乐百氏为主导的全国性品牌基本上已经实现了对中国市场的瓜分与蚕食！同时，很多区域性品牌也在对水市不断进行冲击，但是往往很难有重大突破。当时，比较有代表性的水产品有深圳景田太空水、广州怡宝、大峡谷等，还有一些处于高端的水品牌，如屈臣氏、康师傅等。

但是，中国水市的竞争主导与主流位置并没有改变。这时候，海南养生堂开始进入水市，农夫山泉的出现改变了中国水市的竞争格局，成为中国水市强劲的后起之秀品牌。并且，随着市场竞争的加剧，农夫山泉在一定意义上逐渐取代了乐百氏，成为中国水市的第二大品牌，创造了弱势资源品牌打败强势资源品牌著名战例。

在具体的操作过程中，首先，农夫山泉买断了千岛湖五十年水质独家开采权。在这期间，任何一家水企业都不能使用千岛湖水质进行水产品开发。他们对瓶盖进行了创新，利用独特的开瓶声来塑造差异；还打出了“甜”的概念，“农夫山泉有点甜”成为了差异化的卖点。

其次，为了进一步获得发展和清理行业门户，农夫山泉宣称将不再生产纯净水，仅生产更加健康、更加营养的农夫山泉天然水，而且还做了“水仙花对比”实验。由此，农夫山泉得出一个结论，天然水才是营养水。这个观点通过学者、孩子之口不断传播，农夫山泉的影响力逐渐提高，牢牢占据了瓶装水市场前三甲的位置。

体验营销：让顾客亲身体验企业提供的产品或服务

从定义上来说，体验营销就是从消费者的感官、情感、思考、行动、联想五个方面来重新定义、设计营销理念。有这么一个故事：

一天早上，一对来威尼斯旅游的夫妇来到了圣马可广场的一家咖啡店。在这里，两人一边品饮着蒸汽加压的咖啡，一边沉浸在古城最为壮观的景色和喧闹中。结账时，他们才发现，一杯咖啡 15 美元，而在普通的小餐馆这样的一杯咖啡只需要

0.5 美元。可是，这对夫妻毫不犹豫地结了账，因为他们认为这杯咖啡绝对值 15 美元，在小餐馆根本体验不到什么是威尼斯。

其实，除了咖啡和服务，这家咖啡店还给顾客提供了一种最终体验。咖啡店把威尼斯的早晨同咖啡一起卖给了顾客，这种情感的力量，给顾客留下了难以忘怀的愉悦记忆。这就是体验营销的魅力所在！

在产品极大丰富的现在，人们对价格已经变得不再敏感了，产品或服务所带来的心理上的效益逐渐占据了人们心里的位置。

体验营销，不仅要给顾客带来产品和服务，还会给消费者带来一种感觉，一种情绪上、体力上、智力上甚至精神上的体验。这种方式，塑造了感官体验和思维认同，抓住了消费者的注意力，为他们制造了值得回忆的感受，为产品找到新的存在价值与空间。

咖啡，在饮料机的售价为 3～4 元，路边卖咖啡的小摊位会卖到 5～10 元，四五星级酒店相同品质的可能要卖到 40～50 元，而在更高档的西餐厅里，一杯咖啡可以卖到 100～200 元。为什么同样的咖啡原料、同样的奶汁、同样的糖，却出现了差别这样大的价格呢？因为高档酒店和西餐厅用温馨的环境和优质的服务给消费者带来了满意的体验，咖啡自然就增值了。

体验营销是站在消费者的感官、情感、思考、行动和联想五个方面，重新定义、设计的一种思考方式的营销方法。这种思考方式突破了传统上的“理性消费者”假设，认为消费者消费时是理性与感性兼具的，消费者在消费前、消费中和消费后的体验才是购买行为与品牌经营的关键。

在中国，大家对星巴克咖啡都不陌生。虽然进入中国的时间不长，但是今天星巴克已经演变成了一种时尚的生活方式。星巴克是一种美式文化体验，它将美式文化分解成了多种感官体验元素：视觉的温馨、听觉的随心所欲、咖啡的香味等。

当消费者坐在星巴克咖啡店里的时候，可以透过巨大的玻璃窗，看着人流如梭的街头，轻轻地饮上一口香浓的咖啡，体验一下忙碌的都市生活中的闲情逸致……可以说，星巴克不仅营销了咖啡，还营销了环境、气氛、音乐、感受和体验。

星巴克咖啡在全球的迅速扩张，得益于体验营销。有人说，星巴克的成功在于，它开创了一个在消费者需求中心由产品转向服务，再由服务转向体验的时代。也正是通过这种顾客的体验，星巴克向目标消费群传递出了核心的文化价值诉求。

星巴克利用体验营销将自己的价值观和品牌文化延伸到了全世界，由此体验营销的力量可见一斑。

网络营销：利用数字化信息和网络媒体实现营销目标

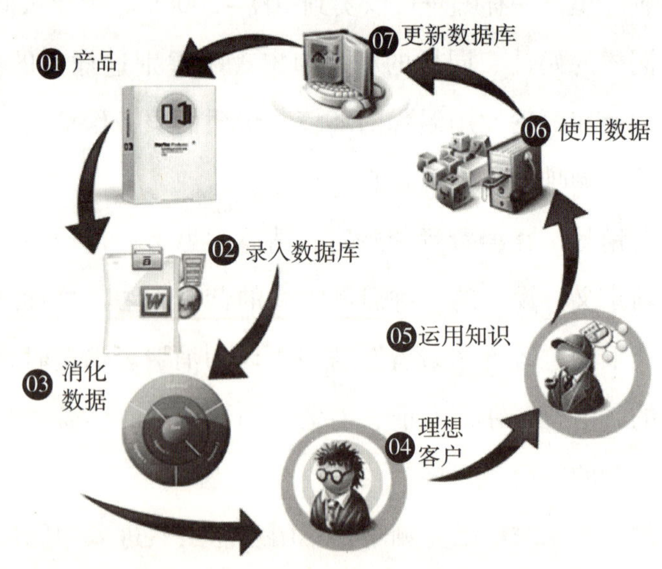

所谓网络营销，就是让客户通过互联网搜索，找到公司的网站、商铺，查看商品卖点，与我们联系，由一个潜在客户变成有效客户的过程。网络营销是以互联网为主要手段进行的，主要是为了实现一定的营销目的。

1. 策略

（1）优化策略/SEO 策略

有些中小企业通常会选择一些比较有优势的地址建立自己的网站，建立后会派专人进行维护，并进行宣传。这样做，不仅可以节省大量的广告费用；而且，搜索引擎的大量使用会增强搜索率，产生远好于广告的效果。

（2）产品不同层次的不同策略

在网络营销中，产品的整体概念可以分为 5 个层次，相应地有不同的策略（见表 4－2）：

表 4－2　　　　网络营销中产品整体概念的 5 个层次

层次	名称	策略
1	核心利益服务层次	企业在设计和开发产品核心利益时要从顾客的角度出发，要根据上次营销效果来制定本次产品的设计开发。企业在提供核心利益和服务时要针对全球性市场，如医疗服务可以借助网络实现远程医疗
2	有形产品层次	对于物质产品来说，必须保障品质、注重产品的品牌、注意产品的包装。在式样和特征方面，要根据不同地区的文化来进行针对性加工
3	期望产品层次	在网络营销中，顾客处于主导地位，消费呈现出个性化的特征，不同的消费者可能对产品的要求不一样，因此，产品的设计和开发必须满足顾客这种个性化的消费需求
4	延伸产品层次	对于物质产品来说，延伸产品层次的时候要提供满意的配送服务、售后服务、质量保证等
5	潜在产品层次	在延伸产品层之外，企业要能满足顾客的潜在需求

2. 技巧

(1) 关键字

绝大多数的买家都会在阿里巴巴、百度等网站上搜索他们需要的产品、品牌的关键字，因此设置关键字就很重要。

(2) 图片拍摄的技巧

在搭配插图的时候，一定要让别人知道图片里是什么，一眼就可以看出图片里传达的信息；要利用不同角度全方位来对产品进行展示。

(3) 让信息排名靠前

信息排名是按产品发布的先后顺序来的，如果想靠前就要多次重复发布，还要掌握一些发布的技巧。

(4) 正确面对买家的咨询

要想留住买家，咨询的回复时间、回复技巧、跟进技巧以及合理的样品寄送都是很重要的。如果有人咨询，说明对方是有一定意向的，就要对对方的需求多一些了解和认识。

(5) 增加潜在客户数据库

浏览网站的人多，直接购买的人少，绝大部分网站都浪费掉了非常多的潜在客户。所以，一定要用一个技巧，让登录你家网站的大部分用户都心甘情愿地先留下联系方式。事实证明，只要你不断地开展让潜在客户乐意接受的数据库营销策略，他们都会逐步成为你的客户的。

(6) 利用客户评价影响潜在客户的决策

绝大部分的人都有从众心理，所以购买一个产品的时候，其他购买过的人对产品的评论会对潜在客户的购买决策产生非常大的影响。所以，每个产品下面都要合理地放上六个以上客户对产品的好评。

（7）网上页面广告

主要包括横幅旗帜广告、标识广告、文字链接，以及分类广告等几种形式。当访问者看到网上广告并对其感兴趣时，就会点击链接到广告发布者的网站上。

（8）交换链接

如果说"链接"是互联网站上最实用、最有特色的技术，那么"交换链接"则是开展网上营销的最经济、最便利的手段。网站之间通过交换图片或文字链接，使本网站访问者很容易到达另一个网站，这样就可以直接提高访问量、扩大知名度，实现信息互通、资源共享。

3. 几种主要的网络营销技巧和方法

今天，网络营销已经成为各大企业进行宣传的重要手段，如果不会合理应用网络营销，在与企业竞争中将会处于被动地位。通常来说，一共有以下几种网络营销的方法和技巧：

（1）所属企业博客（微博）营销模式

随着网络时代的快速发展，用博客为推手，对自己的企业进行合理有序的广告效应推广，已经成为了今天好多企业进行营销的方法。

微博有着不错的互动和沟通性，有利于网民的参与。企业也可以通过企业博客或微博的形式与客户进行交流沟通，增进客户关系，改善商业软环境，拉近与关注人群的距离。

企业进行博客营销的时候，要利用博客对关注人群做出合理的引导，将公司的相关成绩或产品及时发布在博客上，并及时更新信息。只有这样，才能将博客的作用发挥好，拉到潜在的客户，让企业得到广泛的关注；当然，也可以建立自己的网站平台，将企业推广到互联网。

（2）使用免费软件开展网络营销

在我们身边，绝大多数的企业在进行网络营销的时候，一般都是利用免费或收费软件进行的。企业这样做的目的无非是为了推广自己的产品和服务，如果软件成本小、效果好，自然可以充分利用。如 Google、Gmail、Google Earth 等软件在网络上都占有一席之地，能够提供强大的搜索功能。

（3）互联网互动式广告营销模式

现在，互联网的发展已经远远超过人们的想象，大家可以通过百度、Google 等产品来推广企业。企业可以利用百度这样的平台，去刷新企业的网络排名，将企业相关信息及成功案例上传至百度等相关页面，提高企业点击率，从而达到广泛宣传的目的。这种投放广告的方式成本不高，而且回报率强大。

（4）区域营销模式

企业可以适当的搞一些交流会或者产品发布会，为自己造势，推广自己的企业或产品；也可以在指定的区域，如学校、社区等，定期举行新品发布；同时，也可以引入上下线发展模式，引入加盟商等。

企业的发展是离不开网络营销的，如果企业没有掌握这一营销的利器，在网络上没有占有一席之地，就会远远地落后于已经开展了网络营销的企业。用极低的成本在网络营销中打开企业发展之门，是网络营销的经营理念所在。

（5）互动营销

这种营销方式，主要包括微信营销、EDM（电子邮件）营销、微博营销、博客营销、SNS 营销和论坛营销等，可以帮助企业在耗费少量资金的情况下宣传自己企业品牌。进行互动营销的缺点就在于，要耗费大量的人力资源。

要想实现营销成功需要借助营销要素的创新

产品创新：改善或创造产品满足顾客需求

产品创新是企业生存发展之本。

在科技高速发展、市场竞争空前激烈的今天，要使自己的产品为市场所接受，必须根据市场需求的变化坚持进行研究开发，不断地推出能够满足用户要求的新产品。只有这样才能跟上时代的发展，才能在竞争中获胜。

在全世界各类日用品生产企业中，宝洁公司在产品研究与开发方面投入首屈一指。公司每年都会投入 17 亿美元资金，在全球范围内 18 个大型研究中心专门从事基础研究、产品开发、工艺设计、工程与设备研制等工作，平均每年申请专利达 20000 余项。

宝洁进入中国后，与清华大学合作，1998 年 4 月在北京成立了大型的技术研究中心，专门研究适合中国市场的产品。

创新是发展的动力！产品创新是企业发展的动力，只有通过产品创新，才能提升产品的竞争力，拓宽市场，树立良好的品牌。

苹果一贯认为，要在高科技领域，在激烈的市场竞争中生存下去，唯一的途径就是永远走在别人的前面。为此，公司平均一个多月就有一个新产品问世。它的系列电子产品，不仅优化了基本功能，还从小处着眼不断创新，填补了一个又一个市场空白，因而掀起了一轮轮手机销售的热潮，在市场竞争中占尽先机。

产品创新是一个全过程的概念，既包括新产品的研究开发过程，也包括新产品的商业化扩散过程。一个企业要想生存和发展，要想实现自己的目标，都要通过向社会提供适销对路的产品才能实现。如何来实现产品的创新呢？

1. 抢先策略

在其他企业尚未开发，或尚未开发成功，或者开发后尚未投入市场之前，有些企业会抢先开发、抢先投入市场，使企业的新产品处于领先地位。敢于采用抢先策略的企业，不仅要有较强的研究与开发能力，还要有足够的资金、物力和人力，并勇于承担较大的风险。

2. 紧跟策略

当企业发现市场上出现了很有竞争力的新产品，或发现刚投放市场的畅销产品时，可以不失时机地进行仿制，迅速将仿制的产品投入市场。

采用这种策略的企业，不仅要能够对市场信息收集迅速、处理快、反应快，具有较强的应变能力和一定的研究开发能力，还要有一个高效率的研究与开发新产品的机构。

3. 最低成本策略

在实行产品创新的时候，为了争取用户，可以减少产品的成本，降低产品的销售价格，扩大产品的市场占有率。要想减少产品的成本，就要将制造方法、原材料利用和生产组织等方面的潜力挖掘出来。

4. 扩展产品功能策略

有些企业在进行产品创新的时候，会在原有产品的基础上，赋予其新的功能、新的用途，使老产品继续获得消费者的欢迎。

5. 周全服务策略

为了提高市场竞争，要实施更全面、更周到的销售服务，取得用户的信任。

通常来说，周全的服务主要包括这样几个环节：①售前工作，包括广告宣传、技术培训、允许试用等。②销售中的工作，包括检查产品质量、配齐备品配件、装箱发货，以及必要时分期付款等。③售后工作，包括安装调试、指导操作或使用、登门检修、提供配件、通过电话征询意见等。

6. 挖掘用户需求策略

在进行产品创新的时候，要注意挖掘用户的需求。一般来说，用户的需求可以分为两类：当前需求、潜在需求。绝大多数情况下，产品创新是开发那些能满足用户当前需求的产品，可是有远见的企业家也会对市场潜在的需求进行挖掘，开发新产品，引导新的消费需求。

7. 降低风险策略

在进行产品创新的时候，要采取一定的降低风险策略。依据降低风险所采用的措施或手段不同，可以将降低风险策略分为这样几种（见表4－3）：

表4－3　进行产品创新时降低风险策略的种类

策　略	说　明
转移风险策略	为转移新产品开发的部分风险，通常可以采取两种措施：一是在生产新产品前与用户签订供货合同，减少企业因市场销售不畅所承担的风险；二是在企业开发和生产新产品所需成本基础上，将一定比例加入销售价格，让用户来承担企业用于产品创新的费用
降低投资风险策略	尽量利用企业现有设备和技术力量，减少设备投资，降低产品创新投资风险

续　表

策　略	说　明
减少资源投入策略	产品创新的一些实验和试制等工作，可以通过其他团队进行，将产品创新投入的资源降为最小
试探风险策略	从其他国家、地区或企业，引进本企业准备开发的新产品，但使用本企业的厂名、商标和销售渠道，试探市场需求情况；必要时再投入力量批量生产，减少盲目性

8. 联合策略

为了提高创新水平，生产企业可以与科研、设计单位联合，共同进行产品创新，充分发挥各自的优势，加快新产品开发的进程。

价值创新：为顾客创造更多的价值

现代企业管理市场竞争手段不断变化，技术固然是一个十分重要的途径，但是向价值领域里扩展更是当今的趋势。价值创新是现代企业竞争的一个新理念，不是单纯提高产品的技术竞争力，而是通过为顾客创造更多的价值来争取顾客，赢得企业的成功。

美国康柏计算机公司经过三次价值创新，使自己的价值曲线与同行业竞争对手的价值曲线始终保持一定的差距，通过扩大差距的办法找到了自己的利益增长空间，而且提高了自己的核心能力，使销售额和利润额翻了将近三番。

康柏究竟是如何保持它的领先地位，如何实现价值创新的呢？公司的价值创新充分利用了三个平台：产品平台、服务平台和交货平台。这三个平台，实际上体现了价值观，没有价值观就没有一定的竞争能力，也表现不出特有的竞争品牌。

在转型经济时代，企业要有新的竞争思维，要想赢利就要主动提高自己的价值曲线。为了提高企业的竞争力，就要正确看待市场价值，如果能以顾客为上帝，以市场为中心，即使你的企业实力并不是很强，也仍可以在竞争中取胜。

1. 康柏的第一次创新

1989年，康柏公司生产了第一台服务器——系统增强型(system pro)，可以运行6种网络操作系统。可是，公司很快发现，大多数用户只使用服务器的小部分功能。之后，康柏就实现了自己的第一次技术创新。

1992年，康柏生产出一种非常简单的服务器prosignia，适合于运行net ware文件处理和打印，价格只有system pro的1/3，大大降低了生产成本，实现了这一价值的创新。

2. 康柏的第二次创新

当竞争对手试图模仿prosignia，行业价值曲线开始趋同时，康柏又进行了一次基于服务平台的价值创新。研究发现，服务器不是一个孤立的产品，而是顾客需求链中的一部分。顾客90%的费用被用在其他方面，只有10%用于服务器。于是，康柏调整了自己的资源，开发出prosignia 1000，这是一种综合了两种改进版软件的服务器。

第一种软件，可以对服务器硬件和网络信息进行设置，适合用户的操作系统和应用程序，这样便节省了用户对硬件的设置时间，使安装过程准确无误，服务器能可靠运行。

第二种软件，可以在零部件损坏之前找到问题，帮助用户管理网络系统。通过基于服务平台的创新，创造了更加优越的价值曲线，扩大了它的市场份额。

这一次服务平台的创新，把康柏的价值曲线提升到了新的高度。这个高度在康柏的两次价值创新里是最关键的一步。

3. 康柏的第三次创新

为了缩短从订货到送货之间的时间，康柏发动了发送平台的价值创新。它们精心筛选了新的发送途径，使自己的产品能根据客户的特殊需要进行生产，并在订货48小时内送到货。这次价值创新，为康柏大大减少了存货成本，增强了客户的信誉度。

康柏通过这一次的价值创新，不仅降低了自己存货成本，还使顾客的使用价值得到了很好的实现。

市场竞争如同战争一样，当实力暂时上不去的时候，就应寻求其他取胜的办法。价值创新不是对产品的简单改进，它会对企业的整个经营系统都提出一定的要求。

价值创新是现代企业竞争的一个新理念，不是单纯提高产品的技术竞争力，而是通过为顾客创造更多的价值来争取顾客，赢得企业的成功。价值创新的深层是经营模式创新，这种创新可以为企业带来竞争对手难以模仿的优势，并为持续的创新提供一个良好的基础。

渠道创新：用“渠道”和“传播”产生差异化的竞争优势

很多企业已经发现，在产品、价格乃至广告同质化趋势加剧的今天，单凭产品的独立优势是很难赢得竞争的。在产品同质化的背景下，只有通过“渠道”和“传播”才能产生差异化的竞争优势。

美国金霸王电池在电池市场上已独占鳌头。然而，人们做梦也不会想到：金霸王电池从进入中国市场到占领市场，仅仅花了六个月的时间。一种新产品在六个月内，就占领那么大的新市场，真可谓闪电式的“速战速决”。

金霸王成功的秘诀是什么？质量固然是金霸王成功的一个重要因素，但更值得我们称道的是它独特的营销策略。那么，到底独特在什么地方？

针对市场竞争激烈的情况，该公司采取了“三步走式”的营销策略：

（1）代销

所谓代销，就是把产品给批发商或零售商销售，在规定时间或者在批发商、零售商销售该产品后才收取货款的销售方式。实际上是把产品让给商家的“试用”过程，若“试用”成功，商家就会经销该产品。这样做虽然冒风险，但可以快速拓宽销售渠道。

（2）铺货

这是金霸王能够“闪电”占领市场的最关键的一步。就是送货给零售商，并尽力说服其经销其产品的一种营销策略。

（3）终端促销

厂家为了扩大产品的名声、扩大或巩固产品的市场占有率，在零售店处张贴广告或悬挂广告横幅，刺激消费者购买产品的营销活动。

为了进一步扩大金霸王电池的名声和销售量，公司在零售店处张贴了许多广告画，并且每隔一段时间就检查一次，若广告画被其他产品广告画所覆盖，就立刻补上。这样，在很短的时间内，“金霸王”就进入了消费者的大脑里，并留下了深刻的印象，它也影响着他们购买电池的行为。

在“代销—铺货—终端促销”的营销策略下，通过奇特的销售渠道，金霸王电池终于在电池市场上一枝独秀。“世界第一，耐力电池”的广告词，深深印入消费者的大脑中。

今天，销售渠道已成为众多企业关注的重心，并日渐成为它们克敌制胜的武器！在市场经济日益发达、企业的市场营销环境不断变化和竞争日益激烈的今天，重视分销渠道管理与创新是企业成功的重要条件。

面对这种情况，企业要冷静地分析现状，深入考察目标市场的变化，捕捉机遇，正确地认识自身渠道的优劣势，结合自身特点对已有渠道进行结构调整，尝试和探索新渠道。

今天，市场环境日新月异、市场不断细化，原有的渠道已经不能适应市场的变化和厂家对市场占有率及市场覆盖率的要求。而且，消费者的购买动机更趋于理性，方便、快捷、高性价比成为他们选购商品的判断依据。

对于大多数企业来说，彻底研究现有的及潜在的渠道，尽可能地跳出单一渠道的束缚，采用合理的多渠道策略，是有效地提高市场占有率和销售业绩的首要手段。

市场是动态的，市场的变化必然要求企业对营销策略作出相应的改进。随着现代市场消费结构的不断变化，消费者的需求呈现多样性的发展态势，势必引起商品流通中各个环节的不断变化。相应地，企业的通路结构也在发生变化。

今天，很多企业通过在渠道上的创新获得了新的竞争优势。生产者在设计了一个良好的渠道系统后，不能放任其自由运行而不采取任何纠正措施。其实，为了适应市场需要的变化，整个渠道系统或部分分销渠道系统必须随时加以修正和改进。

促销创新：刺激消费者的消费神经使其进行消费

很多年前，意大利的菲尔·劳伦斯开办了一家七岁儿童商店，经营的商品全是七岁左右儿童吃穿看玩的用品。商店规定，进店的顾客必须是七岁的儿童，大人进店必须有七岁儿童做伴，否则谢绝入内，即使是当地官员也不例外。

商店的这一招不仅没有减少生意，反而有效地吸引了顾客。一些带着七岁儿童的家长进门，想看看里面到底“卖的什么药”，而一些带着其他年龄孩子的家长也谎称孩子只有七岁，进店选购商品，致使菲尔的生意越做越红火。

后来，菲尔又开设了20多家类似的商店，如新婚青年商店、老年人商店、孕妇商店、妇女商店等。妇女商店，谢绝男顾客入内，因而使不少过路女性很感兴趣，少不得进店看一看；孕妇可以进妇女商店，但一般无孕妇女不得进孕妇商店；戴眼镜商店只接待戴眼镜的顾客，其他人只得望门兴叹；左撇子商店只提供各种左撇子专用商品，但绝不反对人们冒充左撇子进店。所有这些限制顾客的做法，反而都起到了促进销售的效果。

不可否认，菲尔·劳伦斯的成功得益于促销方式的成功。选择合适的促销方式，也就等于成功了一半。这里就给大家介绍几种促销方式：

1. 折价销售促进

“折价销售促进”指的是在目标顾客购买产品时，给予不同形式的价格折扣的促销手段。

（1）折价优惠券

通称优惠券，是一种古老而风行的促销方式。优惠券上一般都印有产品的原价、折价比例、购买数量和有效时间。顾客可以凭券购买商品，并获得实惠。

（2）折价优惠卡

这是一种长期有效的优惠凭证，通常有两种存在形式：会员卡和消费卡。发卡企业与目标顾客会保持一种比较长久的消费关系。

（3）现价折扣

在现行价格基础上打折销售。

这是一种最常见且行之有效的促销手段，可以让顾客现场获得看得见的利益并心满意足；同时，销售者也会获得满意的目标利润。因为，现价折扣过程，一般是讨价还价的过程。通过讨价还价，可以让双方基本满意。

（4）减价特卖

在一定时间内降低产品价格，以特别的价格来进行销售。

减价特卖具有阶段性，一旦促销目的完成，就会恢复到原来的价格水平。

减价特卖促销，一般只在市场终端实行。但是，一旦制造商介入，就会成为一种长久促销策略。减价特卖的形式通常有 3 种：包装减价标贴、货架减价标签和特卖通告。

（5）减价竞争

削减现行价格，让利于市场，并获得竞争优势。

减价竞争与现价折扣不同：现价折扣属于战术性促销，而减价竞争是战略性促销，在范围上、数量上、规模上减价竞争都比现价折扣大。

（6）低价经营

产品以低于市场通行的价格水平来销售。

低价经营属于一种销售战略，其整体价格水平在长期内均需低于其他经营者。而且，一开始，低价经营者就会以优惠的价格面市。从长远来看，这一促销策略可以强力地吸引消费群，实现整体丰利。

（7）大拍卖及大甩卖

所谓商品大拍卖，就是将商品以低拍的方式，以非正常的价格来销售；商品大甩卖也是以低于成本或非正常价格的方式来销售。大拍卖和大甩卖，都是一种价格利益驱动战术。

对商家来说，大拍卖和大甩卖都是一种清仓策略。通过大拍卖或大甩卖，能够集中吸引消费群，刺激人们的购买欲望，在短期内消化掉积压的商品。

2. 竞赛销售促进

有些企业为了促进销售，会利用人们的好胜和好奇心理，举办一些趣味性和智力性竞赛，吸引目标顾客参与，这就是竞赛销售促进。

（1）征集与答奖竞赛

竞赛的发动者通过征集活动或有奖问答活动，吸引消费者参与。

促销竞赛，是消费者参与并获得消费利益的活动。最终竞赛的成功获得者，定然是比赛中的佼佼者。如广告语征集、商标设计征集、作文竞赛、译名竞赛等。

（2）竞猜比赛

竞赛的发动者通过举办对某一结局的竞猜，吸引顾客参与。如猜谜、体育获胜竞猜、自然现象竞猜、揭迷竞猜等。

（3）优胜选拔比赛

竞赛的发动者通过举办某一形式的比赛，吸引爱好者参与，最后选拔出优胜者。如选美比赛、健美大赛、选星大赛、形象代言人选拔赛和饮酒大赛等。

(4) 印花积点竞赛

发动者指定在某一时间内，目标顾客通过收集产品印花，达到一定数量时可以兑换赠品。

印花积点是一种古老而具有影响力的促销方法，只要顾客握有一定量的凭证（即印花），就可以依照印花量的多少领取不同的赠品或奖赏。

3. 活动销售促进

活动销售促进是指通过举办与产品销售有关的活动，来吸引顾客注意，让其参与进来。主要方式有这样几种（见表4-4）：

表4-4　活动销售促进的几种主要方式

方式	定义	说明
新闻发布会	召开新闻发布会促销	利用媒体向目标顾客发布消息，告知商品信息，吸引顾客积极去消费
商品展示会	通过参加展销会、订货会或自己召开产品演示会等方式促销	这种方式每年可以定期举行，不但可以实现促销目的，还可以促进产品的网络宣传
抽奖与摸奖	顾客在购买商品或消费时，给予其若干次奖励机会	抽奖与摸奖，是消费加运气并获得利益的活动。这种促销活动的其他形式还有很多，如刮卡兑奖、摇号兑奖、拉环兑奖、包装内藏奖等
娱乐与游戏	举办娱乐活动或游戏，以趣味性和娱乐性吸引顾客，实现促销的目的	娱乐游戏促销，需要组织者精心设计，不能使活动脱离促销主题，特别是当产品不便于直接广告的情况下，这种促销方式更要委婉一些，如举办大型演唱会、赞助体育竞技比赛、举办寻宝探幽活动等
制造事件	制造有传播价值的事件，使事件社会化、新闻化、热点化，以新闻炒作来实现促销	“事件促销”可以引起公众的注意，让目标顾客对事件中关系到的产品或服务感兴趣，刺激顾客去购买或消费。如果制造出的事件能够引起社会的广泛争议，“事件促销”就会取得圆满结果

4. 双赢销售促进

有些企业为了共同谋利，会联合其他企业一起联合举办促销，就是双赢销售促进。要想成功实现这种销售方式，各企业之间要具有一定的互补性、互利性与统一性。例如，美国 MCI 电话公司与美国西北航空公司进行过“双赢销售促进”合作。

在这次合作中，凡是使用 MCI 长途电话的客户，每使用掉 1 美元话费，就会给予 5 里航程的积点分；积点达到 20000 里分数，西北航空公司就会赠送 1 张国内任何航程的往返机票。当然，MCI 公司要另给西北航空公司一些补偿。

双赢销售促进的联合对象，可以实行横向联合，也可以实行纵向联合，但一般由三大业态进行自由组合。

5. 直效销售促进

这种促销方式是一种具有一定直接效果的促销手段，具有现场性和亲临性等特点，能够营造出强烈的销售氛围。

（1）售点广告

有些企业为了实现促销的目的，会在销售现场张贴与悬挂海报、吊旗、台标及广告牌等，烘托产品气氛。

（2）直邮导购

就是通过直接邮寄函件引导顾客购买某种产品。

不过，直邮导购需要详细的客户资料，或者邮政部门需提供相关的服务，否则无法执行。

（3）产品演示

现场演示产品的特性与优势，以眼见为实促动消费者购买。

产品演示可以取得立竿见影的效果。通过演示可以满足顾客的视觉、听觉、嗅觉、味觉、触觉器官，满足其心理需求，实现即刻购买。

（4）产品展列

通过销售现场产品的展示陈列，以亮丽的态势吸引消费者。

产品展示要遵从三大要素：展列位、展列量和展列面。

（5）宣传报纸

印制产品内容与服务内容的报纸或宣传单，通过发放来导购促销。

在宣传报纸上，不仅有产品或服务的详细介绍，还要印上折价优惠券，刺激人们消费。

（6）营业佣金

为了调动营业人员销售本企业产品的积极性，有些企业会给予一定的销售佣金、提成或奖品。这种促销方式是额外提供的，可以促使营业人员努力向顾客推荐企业产品，促进销售。

（7）特许使用

顾客可以在规定的时间内满意后再支付费用。

如果在特许使用期间，客户不满意，就可以无条件将产品退回。这种促销方法类似于延期付款，属于“先用后偿”，以客户满意为前提。

（8）名人助售

通过邀请知名度很高的人士亲临现场助推销售，促进销售。

名人助售具有名人广告的效应，但名人一般只会帮助与自己有关的产品进行销售，不会无缘无故地亲临销售现场。如签名售书、对影像制品的签售、名人开业剪彩等。

6. 服务销售促进

为了维护顾客利益，可以为顾客提供某种优惠服务，以下为常见的服务销售促进方式（见表4－5）：

表 4 – 5　　常见的几种服务销售促进方式

方　式	说　明
销售服务	售前咨询和售后服务都可以达到促销目的
开架销售	使用开放式货架，使顾客可以自由选择商品。开架销售可以激发顾客冲动性购买，并且一次购足
承诺销售	对顾客给予一种承诺，增加顾客的信任感，顾客就可以放心购买。如承诺无效退款、承诺销售三包，降低顾客的风险意识，达到促销的目的
订购定做	专一地为顾客订购产品或定做产品。这种专项服务，可以使顾客产生上帝感和优越感
免费培训	为客户提供免费的产品知识与使用方法。免费培训一般是产品售出时附赠的服务项目
维护安装	为客户提供产品的安装调试服务、护养与修理。维护安装是促进销售的关键因素，也是客户的关心所在。组建定点维修网点，是执行维护安装服务的一种比较好的方法
分期付款	顾客对所购产品可以按规定时间分批分次地交付款项。运用分期付款促销，一般只在高价款产品销售时使用，可以缓解顾客的经济压力，保持顾客持久的支付能力
延期付款	延期付款是一次性，在规定的时间里一次付清。延期付款可以暂时缓解顾客的经济压力，使顾客有充足的筹款时间，适合于那些对产品有期待，但又一时缺乏支付能力的顾客
会员制经营	商品的经营者采用消费者入会，可以享受到内部的优惠待遇。一般列有详细的入会条款、受惠条款，需要交纳一定的入会费用。会员享有购物权、消费权、保护权、服务权、折扣权等权力。会员制可以保留自己的基本顾客，使经营处于一种稳定状态

7. 组合销售促进

有些企业在进行促销的时候，会将两种以上促销方式配合起来使用，这就是组合销售。上面提到的促销方式，其中每一种都可以与另外几种促销方式组合。

但是，有些销售促进是不便于有机组合的，如无偿销售促进与折价销售促进，两者存在着一定的矛盾，在促销时就不能强扭在一起。因此，在运用组合销售促进时，要选择不同方式进行合理的配置，或者在不同的阶段分开使用销售促进。

美国通用制粉公司新推出了一种脆麦片加葡萄干的食品，为了打开销路就采用了一种有效的销售促进组合。首先，他们将“免费样品”直邮给广大消费者，还在1.5盎司包装的样品内附上了一张7美分的折价优惠券。这样，当消费者吃到样品并满意后，就会拿着优惠券到附近的商店内再去购买。事实证明，这种促销方式非常成功。

第五章

服务模式创新

——企业赢利能力持续倍增的主要助推手

对服务市场细分与定位，发现客户需求

服务市场细分：根据消费者的不同需求将服务市场划分为若干消费群体

所谓服务市场细分，是指企业根据消费者需求的差异，按照细分变数将某一整体服务市场划分为若干个消费群体，每一个消费者群都是一个具有相同需求的细分子服务市场，从而找出适合本企业为之服务的一个或几个细分子服务市场。

1. 服务市场细分的基本条件

服务市场细分的依据和方法有很多，但并非所有的市场细分都是有效的。比如，对于食盐的购买者进行年龄的市场细分就一点意义都没有。要使细分出的市场对企业有用，还必须具备以下几个基本条件：

（1）可衡量性

顾客对产品的需求具有不同的偏好，对所提供的产品、价格、广告等具有不同的反应，值得对市场进行细分。相反，如果顾客对产品的需求差异不大，就没必要进行市场细分了。

在实践中，有许多顾客的特征是不易衡量的，所以，这些特征不适宜做细分市场的标准。比如，对汽车购买者来说，是很难衡量

哪些是属于经济动机，哪些是属于社会地位动机，哪些是属于产品动机的。一般来说，人口、地理、社会文化等因素则是比较容易衡量的。

（2）可接近性

指企业容易进入细分市场。

一方面，被选定细分市场的消费者能有效地了解企业的产品，并对产品产生购买行为，能通过各种销售渠道购买到产品；另一方面，企业通过不断的努力，如广告和人员推销等，可以达到被选定的细分市场。否则，这些市场就不值得进行细分。

（3）有效性

指市场细分不仅要有适当的规模和发展潜力，还要有一定的购买力。

对企业来说，细分市场必须具有一定的规模和相当的发展潜力。如果细分市场的规模小，市场容量有限，细分工作烦琐，成本花费大，获利低，就不值得去细分。

细分范围也不能过大。规模过大，细分的市场就会不具体和不准确，不利于企业选择目标市场。

细分市场对企业来说，必须要有足够的消费者，如果细分市场的消费者少，购买力有限，无经济效益，就不值得去细分了。

2. 服务市场细分的步骤

进行服务市场细分通常要经历以下步骤：

（1）选定产品市场范围。当企业确定市场细分的基础之后，要明确这样几个问题：进入什么行业？生产什么产品？为哪些人服务？确定产品的市场范围时，要以顾客的需求来决定，不要依靠产品本身的特性来确定。

（2）将企业所选定的产品市场范围内所有潜在顾客的所有需求一一列出来。

（3）将所列出的各种需求，交给各种不同类型的顾客，让他们选出自己最迫切的需求，最后集中起来，选出两三个作为市场细分的标准。

（4）检验每一细分市场的需求，抽掉各细分市场中的共同需求。

（5）根据不同消费者的特征，划分为相应的市场群，并赋予一定名称。

（6）进一步分析每一个细分市场的不同需求和购买行为，了解要进入细分市场的新变量，使企业不断地适应市场变化，在竞争中获胜。

（7）决定市场细分的大小及市场群的潜力，选出可以使企业获得有利机会的目标市场。

选择合适的目标市场：瞄准市场方向进行优选

任何一个企业都无法满足整个市场的需要，因此，准确地选择目标市场，有针对性地满足某一消费层次的特定需要，是企业成功进入市场的关键。只有正确地细分市场，识别市场机会，企业才能选好目标市场，才能迈向成功。

目标市场拓展战略的选择依赖于市场本身的特征、各个市场的联系、市场竞争状况，以及企业所具备的实力等。所以，企业在选择目标市场拓展战略时要作全面的分析。通常来说，企业可以选择以下战略。

1. “滚雪球”战略

这是中小企业最常用的一种策略，即企业在现有市场的同一地理区域内，采取区域内拓展的方式，在穷尽了一个区域后再向另一个新的区域进军。

具体来讲，企业以某一个地区目标市场作为市场拓展的“根据地”和“大本营”，进行精耕细作，把“根据地”和“大本营”市场做大、做强、做深、做透，成为企业将来进一步拓展的基础和后盾。

在“根据地”市场占有了绝对优势，稳固之后，再以此为基地向周边邻近地区逐步滚动推进、渗透，最后占领整个市场。

一般来说，采取“滚雪球”的市场拓展战略具有以下优势。

（1）有利于企业降低营销风险

“根据地”的营销战略能为周边地区的营销实践提供丰富的经验和良好的示范。企业在全力建设“根据地”市场的过程中，对产品的市场营销规律有了较多的研究，包括成功的经验和失败的教训。

“根据地”营销经验的日积月累自然成为企业日后向周边拓展最宝贵的财富和资本，营销的失误会进一步减少。随着市场的不断滚动拓展，企业的“根据地”市场地盘的扩大，这些经验和教训愈加丰富，市场营销的风险会越来越低。

（2）有利于保证资源的及时满足

执行这种策略的时候，是以“根据地”市场的“兵强马壮”为基础的。已经做大做强的“根据地”市场可以为新市场提供充足的资金积累，可以源源不断地向前方市场输送人才。

（3）有利于市场的稳步巩固拓展

这种拓展战略在现有市场被占领之后向周边市场拓展，秉持稳健踏实的理念，达到步步为营的目标。

2. “采蘑菇”战略

“采蘑菇”拓展战略是一种跳跃性的拓展战略。企业开拓目标地区市场的先后顺序通常是按照目标市场的“先优后劣”原则进行的，不管选择的市场是否邻近，都会首先选择和占领最有吸引力的目标地区市场，采摘最大的“蘑菇”；然后，再选择和占领较有吸引力的地区市场，采摘第二大的“蘑菇”。

这种市场拓展方式，有着独特的优点：

（1）能取得最佳的经济效益

企业每一步选择的都是未占领市场中最佳的，所以，企业资源得到了最佳配置和利用。

（2）具有灵活性、及时性

在竞争者较多时，如果依然按照由近及远、循序渐进的原则进行，竞争者可能早就把那些诱人的市场抢走了。

3. “保龄球”战略

玩过保龄球的人都知道，各个球瓶之间存在一定的内在联系，只要击中关键的第一个球瓶，就会把其他球瓶撞倒一大片，企业在拓展市场时同样可以运用这样的方法。

要想占领整个目标区域市场，首先就要攻占整个目标市场中的某个“关键市场”——第一个“球瓶”，然后，利用这个“关键市场”的巨大辐射力来对周边的市场产生影响，直至占领大片市场。

当然，该“关键市场”应该具有如下特点：

（1）该市场的消费者具有较强的求新意识和较强的购买力，对新事物接受较快。

（2）该市场的消费需求具有极强的影响力、穿透力和辐射力。

一般来说，“关键市场”的消费观念和潮流都具有极强的超前性和引导性。某种商品消费一旦在这些市场流行，就会引起周边中小地区消费者争相模仿。所以，只要企业占领了这个市场，就能取得以点带面的效果。

这是一种“先难后易”的市场拓展策略，“关键市场”往往是商家的必争之地。要想攻占该战略市场要点，必须耗费大量的财力和人力。可是一旦占领，后面的工作就好做了。这种战略适合那些实力较强的大企业。

4. “农村包围城市”战略

这是一种“先易后难”的市场拓展战略。采用这种战略的时候，企业会首先蚕食掉较易占领的周边市场，积蓄力量，对重点市场形成包围之势；等到时机成熟时，一举夺取中心市场。对于中小企业来讲，一开始就进攻最难占领的中心市场，是很难取得成功的，倒不如先选择比较容易攻占的周边市场，一边积蓄自己的力量和营销经验，一边默默地影响中心市场。

5. “撒网开花”战略

企业在拓展其目标市场时，可以向各个市场同时发动进攻，对各个市场同时占领，这就是“撒网开花”战略。这种战略具有极大的市场拓展威力，可以在非常短的时间内同时占领各个市场。但是，要想取得成功是非常不容易的。

（1）企业要具有足够的营销资源

一方面，在许多市场同时开展营销，各个市场都要建立自己的销售渠道，需要的资金一定很多，非一般企业所能承受；另一方面，每个市场都必须派出精干的营销策划、销售管理人员和业务代表，因此，企业必须要有一支庞大的营销团队。

（2）企业要具有大量的开发费用

每个市场的需求都是不一样的，需要各种不同的产品；而且同时拓展的市场越多，需要的新产品也就越多。所以，必然会支出大量的新产品开发费用。

（3）企业要具有强大的调控能力

企业同时向多个市场发动进攻，不可避免地会遇到许多意想不到的情况，所以，如果没有极强的协调控制能力，企业是很难应付同时发生的各种意外情况的。

企业之所以要实施这种市场拓展，主要是为了迅速占领市场，广种薄收。但是，这种拓展战略成功率非常小，并不适合普通企业。“巨人”的倒下、“三株”的枯萎，都和“撒网开花”有着一定的关系。

市场定位战略：确定产品在目标市场上所处的位置

所谓市场定位，就是根据竞争者现有产品在市场上所处的位置，针对消费者对该产品某种特征或属性的需求程度，塑造出与众不同的、给人印象鲜明的产品，并把这种产品的形象生动地传递给消费者，使该产品在市场上占据稳固的位置。

企业一旦选择了目标市场，就要在目标市场上进行产品的市场定位。市场定位是企业全面战略计划中的一个重要组成部分，关系着企业及其产品的与众不同。

1. 四大定位

公司在进行市场定位时，应慎之又慎，要通过反复比较和调查研究，找出最合理的突破口，最好不要出现定位混乱、定位过度、定位过宽或定位过窄的情况。一旦确立了理想的定位，公司就要通过一致的表现与沟通来维持此定位；同时，还要加以监测，随时适应目标顾客和竞争者策略的改变。

（1）创新定位

寻找新的尚未被占领但有潜在市场需求的位置，填补市场空缺，生产市场上没有的、独具特色的产品。比如，日本索尼公司的索尼随身听等一批新产品正是填补了市场上迷你电子产品的空缺，才让索尼公司在第二次世界大战时期获得了迅速发展，一跃而成为世界级的跨国公司。

（2）迎头定位

企业根据自身的实力，与市场上占支配地位的、实力最强或较强的竞争对手发生正面竞争，使自己的产品进入与对手相同的市场位置。

优点：竞争过程中往往相当惹人注目，甚至会产生轰动效应。企业及其产品可以较快地为消费者或用户所了解，树立市场形象。

缺点：具有较大的风险性。

（3）避强定位

为了避免与实力强的企业直接发生竞争，企业将自己的产品定位于另一市场区域内，使自己的产品在某些特征或属性方面与对手有显著的区别。

优点：能使企业较快地在市场上站稳脚跟，能在消费者中树立形象，风险小。

缺点：企业必须放弃某个最佳的市场位置，很可能使企业处于最差的市场位置。

（4）重新定位

在选定了市场定位目标后，如果定位不准确，就要重新定位。重新定位是以退为进的策略，目的是实施更有效的定位。

例如，万宝路香烟刚进入市场时，是以女性为目标市场的，推出的口号是：像5月的天气一样温和。然而，尽管当时美国吸烟人数年年都在上升，但万宝路的销路却一直都没有改观。

后来，广告大师李奥贝纳将万宝路重新定位为男子汉香烟，并将它与最具男子汉气概的西部牛仔形象联系起来，树立了万宝路自由、野性与冒险的形象，让其从众多的香烟品牌中脱颖而出。直到今天，万宝路依然居世界各品牌香烟销量首位，是全球香烟市场的领导品牌。

2. 实施步骤

（1）识别可能的竞争优势

通常来说，消费者都会选择那些可以给自己带来最大价值的产品和服务。因此，要想赢得顾客就要更好地理解顾客的需要和购买过程，向他们提供更多的价值。为了赢得一定的竞争优势，企业可以把自己的市场定位为：向目标市场提供优越的价值。

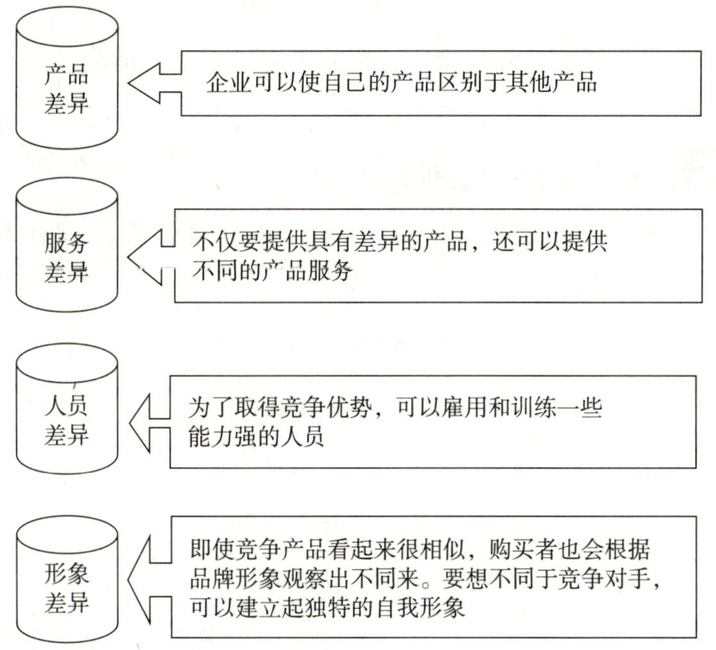

（2）避免错误的市场定位

当公司为产品推出较多的优越性时，可能会失去消费者的信任，失去一个明确的定位。一般来说，企业需要避免三种主要的市场定位错误：

一是定位过低，即根本没有真正为企业定好位；

二是定位过高，即传递给购买者的公司形象太窄；

三是混乱定位，一定要避免混乱定位，否则会给购买者一个混乱的企业形象。

（3）传播和送达选定的市场定位

选择好市场定位后，企业要采取步骤把理想的市场定位传达给目标消费者。

并非所有的商品差异化都是有意义的或者是有价值的，并不是每一种差异都是一个差异化手段，必须谨慎选择能使其与竞争者相区别的途径。有效的差异化要满足以下原则。

- 重要性——该差异能给目标购买者带来高价值的利益。
- 专有性——竞争对手无法提供这一差异，或者企业不能以一种更加与众不同的方法来提供该差异。
- 优越性——该差异优越于其他可使顾客获得同样利益的办法。
- 感知性——该差异是实实在在的，可为购买者感知。
- 不易模仿性——竞争对手不能够轻易地复制出此差异。
- 可支付性——购买者有能力支付这一差异。
- 可赢利性——企业能从此差异中获利。

（4）市场定位策略的差别化数量选择

当企业幸运地发现了若干个潜在的竞争优势时，必须选择其中几个竞争优势，建立起市场定位战略。

1）单一性定位。

企业要给每个品牌分派一个特点，使它成为这一特点中的“第一名”。消费者一般都会熟记“第一名”，特别是在一个信息泛滥的社会中。正是因为这个原因，佳洁士牙膏才始终宣传“能防止牙齿蛀洞”的功能。

要想成为“第一名”，就要拥有“最好的质量”“最优的服务”“最低的价格”“最佳的价值”以及“最先进的技术”等。如果能够围绕其中的一个特点进行宣传，并且坚持不懈，就会取得理想的效果。

2）双重定位。

如果有两家或更多的公司在同样的属性上都声称是最好的，就要进行双重定位了，这样就可以在目标细分市场内找到一个特定的空缺。比如，可以将其汽车定位为“最安全”和“最耐用”，这两项利益是可以兼容的。因为人们一般都认为，安全的汽车通常都是非常耐用的。

了解服务对象，让产品适合客户

明确顾客的服务期望：看看顾客想得到怎样的产品或服务

所谓顾客期望，是指顾客希望企业提供的产品或服务能满足其需要的水平。达到了这一期望，顾客就会感到满意；否则，顾客就会不满。顾客期望在顾客对产品或服务的认知中起着关键性的作用。期望作为比较评估的标准，既可以反映出顾客相信会在产品或服务中发生什么，也能反映出顾客想要在产品或服务中发生什么。

对于企业来说，了解顾客对服务的期望是很重要的。服务期望是消费者评估服务绩效的标准和参考点，如果公司不能了解顾客需要，就会失去顾客，在竞争中是很难立足的。顾客期望主要包括以下内容（见表5－1）：

表5－1　顾客期望的内容

内　容	说　明
确保承诺的实现性	企业要在基本服务项目上多花一些精力，通过切实可行的努力和措施，确保对顾客所做的承诺将真实的服务水平反映出来，保证承诺圆满兑现。如果承诺难以兑现，就会失去顾客的信任，破坏顾客的容忍度，对企业的发展是非常不利的
重视产品或服务的可靠性	在顾客对服务质量进行评估的多项标准中，可靠性是最重要的。提高服务可靠性，可以给企业带来较高的现有顾客保持率，增加积极的顾客口碑，减少招揽新顾客的压力和再次服务的开支；有助于减少优质服务重现的需要，合理限制顾客期望
坚持沟通的经常性	经常与顾客进行沟通，理解他们的期望，对服务加以说明，可以更多地获得顾客的谅解。如果经常和顾客对话，加强与顾客的联系，当出现问题的时候就可以处于主动地位

优异的顾客期望管理可以使顾客对企业及其产品和服务产生满意感，在这方面做得出色的企业，不但拥有一大批忠诚的顾客，也会让竞争对手对他们“无从下手”。IBM公司就做到了这一点。

要进行有效的顾客期望管理，企业应该做到以下几方面。

1. 了解顾客期望

如果想在顾客期望管理方面做得非常出色，就要对顾客的需要做一番了解。不仅要了解顾客的理想服务期望，也要了解顾客的适当服务期望，谨慎地创造顾客期望；然后通过对环境因素、销售态度和激励措施的有效管理，使公司各种行动与顾客期望保持一致，甚至超越顾客的期望，使顾客满意。

2. 作出承诺

为了更好地管理顾客期望，保证现实与承诺相符，就要准确地承诺最终能实现的服务内容。企业要对顾客作出现实和准确的承诺，而不是以理想服务的形式来反映实际传递的服务。

对于含蓄的服务承诺，企业要确保服务的有形性，使无形的承诺通过有形化的服务满足顾客期望。

3. 了解顾客期望

在服务企业中，如果不进行市场调查，是不可能了解顾客的。即使做了市场调查，如果不是关于顾客期望的，也跟不上变化着的需求节拍。不仅要运用市场调查的方式了解消费者过去的经历，描述顾客以前类似的体验，还要充分了解服务的替代物情况，消费者接纳和认可的程度、价格、服务水平、服务范围。

4. 与顾客进行沟通

广泛的交流沟通可以使顾客感到，企业确实是在认真地为他们处理问题，而不是在敷衍；可以加强企业在顾客心中的信任，减少顾客不满意事件的发生。

5. 兑现承诺

成功的企业无一不对自己的承诺负责，它们通过企业文化、销售人员和服务人员的训练、分销渠道的管理等各方面来完成这项任务。

实现顾客满意：发现顾客对其要求已被满足的程度的感受

顾客满意是一个人通过对一个产品的可感知效果与他的期望值相比较后，所形成的愉悦或失望的感觉状态。当商品的实际消费效果达到消费者的预期时，消费者就会感到满意，否则就会不满意。

一般来说，顾客满意是顾客对企业和员工提供的产品和服务的直接性综合评价，是顾客对企业、产品、服务和员工的认可。

满意是人的一种感觉状态的水平，来源于对一件产品所设想的绩效与人们的期望所进行的比较。从企业的角度来说，顾客服务的目标并不仅仅是指使顾客满意。

一天，一个由32位台湾老人组成的旅游团来到一家高级饭店，要尝一尝地道的家乡菜。可是，饭店管理人员并不知道他们到底要吃哪儿的菜，喜欢什么口味，有什么特殊要求等等。饭店经理连续打了十几个电话，接通了这批台湾老人入住的酒店。那家酒店向他们提供了客人所有用过餐的菜单；而且，经理还了解到，这些客人都是从浙江宁波去台湾的。

当服务员为客人们送上一桌地道的宁波菜时，老人们欢呼起来。没用多长时间，这些菜就被一扫而光。老人们非常满意，一个老人说："这是我们到大陆后吃到的最香、最满意、最开心的一顿饭。"

顾客满意是顾客信任的前提！调查显示，在声称对产品和企业满意甚至十分满意的顾客中，有65%～85%的顾客会转向其他产品，只有30%～40%的顾客会再次购买相同的产品或相同产品的同一型号。

通常情况下，顾客满意包括产品满意、服务满意和社会满意3个层次（见表5-2）：

表 5-2 顾客满意的 3 个层次

层　次	说　明
产品满意	指企业产品带给顾客的满足状态，包括产品的内在质量、价格、设计、包装、时效等方面的满意。产品的质量满意是构成顾客满意的基础因素
服务满意	指产品售前、售中、售后以及产品生命周期的不同阶段采取的服务措施令顾客满意。在服务过程的每一个环节上，企业都要设身处地地为顾客着想，做到有利于顾客、方便顾客
社会满意	指顾客在对企业产品和服务的消费过程中所体验到的对社会利益的维护，主要指顾客整体社会满意，企业的经营活动要有利于社会文明进步

使顾客感到满意只是营销管理的第一步。在企业与顾客建立长期伙伴关系的过程中，企业要向顾客提供超过其期望的“顾客价值”，使顾客在每一次的购买过程和购后体验中都能获得满意。每一次的满意都会增强顾客对企业的信任，使企业能够获得长期的赢利与发展。

如果顾客对产品和服务感到满意，就会将他们的消费感受通过口碑传播给其他的顾客，扩大产品的知名度，提高企业的形象，为企业的长远发展不断地注入新的动力。

1. 服务承诺

所谓服务承诺，是指企业向顾客公开表述的要达到的服务质量。

首先，服务承诺可以树立企业形象、提高企业知名度，可以成为顾客选择企业的一个重要依据。但更重要的是，服务承诺可以成为顾客和公众监督企业的依据，使企业得到持续改善的压力。

其次，建立有意义的服务承诺的过程，实际上是深入了解顾客要求、不断提高顾客满意度的过程，可以使企业的服务质量标准真正体现出顾客的要求，使企业找到努力的方向。

再次，根据服务承诺，企业能够将顾客需求的、详细的质量标准准确地反映出来，然后再依据质量标准对服务过程中的质量管理系统进行设计和控制。

最后，服务承诺可以产生积极的反馈，可以让顾客有依据对服务质量问题提出申诉，使企业了解所提供服务的质量和顾客所希望的质量之间的差距。

有效的服务承诺应具备哪些特征呢？一项好的服务承诺应无条件、容易理解与沟通、有意义、简便易行和容易调用。容易引起误解的服务承诺，会引发有误差的顾客期望。好的服务承诺，只有包含了顾客认为重要的内容，而且有一个合理的总结，才是有意义的。

2. 顾客服务

所谓顾客服务，是指所有能促进组织与顾客间关系的交流和互动，包括核心和延伸产品的提供方式，不包括核心产品自身。以发型设计服务为例。

理发本身不属于顾客服务，但顾客在理发的过程中所得到的待遇却属于顾客服务。如果顾客提出了一些特别的处理要求，也就构成顾客服务的一项内容。在服务完成之后，如果顾客的惠顾得到感谢和赞扬，也应归入顾客服务。

3. 服务补救

当企业为客户提供的服务失败之后，为了赢得客户，可以做些补救工作。失去一位顾客的代价是高昂的。研究表明，顾客流失率降低5%，组织利润就会翻一番。因此，积极努力地挽回因为对一次服务体验不满而流失的顾客，是有意义的。

（1）道歉。服务补救开始于向顾客道歉。当组织感觉到顾客的不满时，应有人向顾客道歉。道歉在一定意义上意味着承认失败。承认失败，认识到向顾客道歉的必要性，真诚地向顾客道歉，能让顾客深切地感知到他们对组织的价值，为重新赢得顾客好感的后续工作铺平道路。

（2）紧急复原。这是道歉的自然延伸，也是不满的顾客所期望的。

（3）移情。当紧急复原的工作完成后，就要对顾客表示理解和同情，设身处地地为顾客着想。如果顾客很生气，也要表示理解。

（4）象征性赎罪。接下来，要用有形的方式对顾客进行补偿，比如送个礼物表示象征性赎罪，可以用赠券的形式发放礼物，如一份免费点心赠券、一张机票赠券、一个高质量客房住宿赠券等。

（5）跟踪。必须检验一下其挽回顾客好感的努力是否成功。跟踪是组织获得了一次对补救计划的自我评价，可以确认哪些环节需要改进。

顾客忠诚：让顾客对企业的产品或服务产生依恋

所谓顾客忠诚，是指顾客对企业的产品或服务的依恋感情，它主要通过顾客的情感忠诚、行为忠诚和意识忠诚表现出来。其中，情感忠诚表现为顾客对企业的理念、行为和视觉形象的高度认同和满意；行为忠诚表现为顾客再次消费时对企业的产品和服务重复购买；意识忠诚则表现为顾客做出的对企业的产品和服务的未来消费意向。

从1998年开始上海三菱电梯有限公司导入顾客满意观念，2000年年末将其提升为顾客忠诚。他们首先在企业内部开展了内部营销，使内部客户满意；其次，从电梯这个特殊产品出发，以用户满意的合同为主线，从产品设计、制造、安装，到维修、持续跟踪、落实用户各项需求；最后，从用户需求导入，展开质量功能，并列入公司方针目标，通过定期的用户满意度和忠诚度调查，将用户需求转化为产品质量特性，创造顾客持续的忠诚。

目前，上海三菱电梯的产量、销售额、市场占有率、利润等多项经济指标连续在全国同行业中名列榜首。

关注顾客对企业的评价，追求顾客高的满意度和忠诚度，是市场营销观念的完善和发展。实践证明，倡导顾客忠诚所形成的核心竞争力会在企业的经营活动中得以体现。

李泰第一次入住泰国东方饭店时留下了良好的印象，当他第二次入住时，几个细节更使他流连忘返。在李泰走出房门准备去餐厅的时候，服务生恭敬地问道："李先生，是要用早餐吗?"李泰很奇怪："你怎么知道我的姓?"服务生说："我们饭店规定，晚上要背熟所有客人的姓名。"李泰大吃一惊。

李泰高兴地来到餐厅，餐厅的服务生说："李先生，里面请。"李泰很疑惑，因为服务生并没有看到他的房卡。服务生回答说："上面的电话说您已经下楼了。"

李泰走进餐厅，服务小姐微笑着问："李先生，还要老位置吗?"李泰的惊讶再次升级。服务小姐主动解释说："我刚查过电脑记录，您在去年的6月8日在靠近第二个窗口的位子上用过早餐。"

李泰听了很兴奋："老位子！老位子！"小姐接着问："老菜单？一个三明治，一杯咖啡，一个鸡蛋?"李泰兴奋到了极点："老菜单！就要老菜单！"

三年后，李泰生日的时候收到了一封东方饭店发来的贺卡："亲爱的李先生，您已经有三年没有来我们这儿了，我们全体人员都非常想念您，希望能再次见到您。今天是您的生日，祝您生日快乐！"李泰激动得热泪盈眶，发誓要说服所有去泰国的亲友一定要选择东方饭店！

研究表明，争取一位新顾客的成本要比维持一位老顾客的成本多数倍，而且在成熟的竞争性强的市场中，企业争取到新顾客的困难非常大；由于"口碑效应"，老顾客会推荐他人购买从而增加新顾客，因此形成一种"企业赢利、顾客忠诚"的良性循环效应。

在现代营销活动中，营销观念是企业战略形成的基础。顾客忠诚理论告诉我们，企业在经营的过程中要以顾客为中心，企业的营销活动必须围绕这个中心进行。如何来提高顾客的忠诚呢？

1. 建立顾客数据库

企业运用顾客数据库，可以使每一个服务人员在为顾客提供产品和服务的时候，了解顾客的偏好和习惯购买行为，从而为其提供更具针对性的个性化服务。为提高顾客忠诚而建立的数据库应具备以下特征：

- 一个动态的、整合的顾客管理和查询系统；
- 一个忠诚顾客识别系统；
- 一个顾客流失显示系统；
- 一个顾客购买行为参考系统。

实践证明，企业利润的80%来自其20%的顾客。只有与核心顾客建立关系，企业稀缺的营销资源才会得到最有效的配置和利用，从而提高企业的获利能力。

建立和管理顾客数据库只是一种手段，而不是目的。企业的目的是将顾客资料转变为有效的营销决策支持信息和顾客知识，进而转化为竞争优势。

2. 回答3个互相交叠的问题

识别核心顾客最实用的方法是回答3个互相交叠的问题：

（1）你的哪部分顾客最有利可图，最忠诚？

（2）哪些顾客会将最大购买份额放在你所提供的产品或服务上？

（3）哪些顾客对你比你的竞争对手更有价值？

通过对这三个问题的回答，可以得到一个清晰的核心顾客名单。这些核心顾客，就是企业实行顾客忠诚营销的重点管理对象。

3. 超越顾客期望

顾客对企业提供的产品和服务都是有一定的期望的，达到了他的期望，顾客会感到满意；否则，顾客就会不满。为了提高自己的服务质量，企业不仅要达到顾客的期望，还要提供更完美、更关心顾客的产品和服务，超过顾客预期的要求，使之得到意想不到的收获，获得更高层次上的满足，从而对企业产生一种情感上的满意，发展成稳定的忠诚顾客群。

4. 正确对待顾客投诉

为了和顾客建立长期的相互信任的伙伴关系，就要善于处理顾客抱怨。有些企业的员工在顾客投诉时常常表现出不耐烦、不欢迎，甚至流露出一种反感，其实这是一种非常危险的做法，往往会使企业丧失宝贵的顾客资源。

5. 提高顾客转换成本

一般来说，顾客转换品牌会面临一系列有形或无形的转换成本。对单个顾客来说，转换购买对象需要花费时间和精力重新寻找、了解和接触新产品，放弃原产品所能享受的折扣优惠，改变使用习惯，同时还可能面临一些经济、社会或精神上的风险。对机构购买者来说，更换使用另一种产品设备则意味着人员再培训和产品重置成本。

在改善服务质量的时候，企业要对顾客的转换成本进行研究；然后，采取有效的措施人为地增加其转换成本，减少顾客退出，保证顾客对本企业产品的重复购买。

6. 重视员工忠诚的培养

企业为顾客提供的产品和服务都是由内部员工完成的，他们的行为及行为结果是顾客评价服务质量的直接来源，由此可见，顾客保持率与员工保持率是相互促进的。

忠诚的员工会主动关心顾客，热心为顾客提供服务，并为顾客的问题得到解决感到高兴。因此，企业在培养顾客忠诚的过程中，不仅要做好外部市场营销工作，还要重视内部员工的管理，努力提高员工的满意度和忠诚度。

7. 减少顾客流失

为了减少顾客的流失，企业要及时做好顾客的流失管理工作，认真分析顾客流失的原因，总结经验教训，利用这些信息对自己的产品和服务进行改进，最终与这些顾客重新建立起正常的业务关系。

需要说明的是，分析顾客流失的原因，是一项非常复杂的工作。顾客流失可能是单一因素引起的，也可能是多种因素共同作用的结果。

服务补救：对顾客的不满和抱怨及时做补救

俗话说得好，亡羊补牢，为时未晚。随着经济发展重心的转移，以服务作为经营重点的企业所占比例越来越大；顾客变得越来越挑别，企业发生服务失误的可能性也越来越高；有时候，即使企业做对了，顾客也会“鸡蛋里挑骨头”。

在这种情况下，企业该怎么做才能避免因服务失误而导致利益损失呢？这时候，就要进行服务补救了。服务补救是指企业在对顾客提供服务出现失败和错误的情况下，可以对顾客的不满和抱怨当即做出的补救性反应。通过这种反应，可以重新建立起顾客的满意和忠诚。

为了了解服务类别、送货时间及地点，联邦快递公司利用 Powership 自动系统跟踪有关货件的行踪资料。这样服务人员可以及时了解到是否发生服务失误，并在第一时间采取补救措施。同时，服务人员会对顾客的投诉进行记录和分析，用来评估服务补救的效果，并做出相应的改进措施。

之后，他们会把这些信息收集整理，建立数据库，改进内部工作程序，减少下次服务失误的发生。当顾客打电话给联邦快递的时候，只要报出发件人的姓名和公司的名称，该顾客的一些基本资料和以往的交易记录就会显示出来，极大地提高了服务补救质量。

在这一服务补救过程中，美国联邦快递公司制定了非常严格的服务标准。公司承诺肯定于第二天上午 10：00 前送达物件，顾客会很清楚地了解其应获得的服务水准。

同时，公司也非常重视员工的培训与授权等。公司拥有相当好的培训制度，每时每刻都有 3% ~5% 的员工在接受培训。特别是对于一线服务员工，服务和服务补救技巧是必不可少的培训内容。

公司注重从补救经历中学习，通过追踪服务补救的努力和过程，服务人员能够获知一些在服务交付系统中需要改进的系统问题。

服务产品具有无形性、异质性、并发性和易逝性等特征，同时还具有服务质量评价主观性的特点，这些都注定了服务失误不可完全避免且大量存在。即使对于有着最佳服务意识的世界级的服务系统来说，服务失误也是难以杜绝的。可是，只要出现一次服务失误就可能导致顾客不满，并可能永远失去该顾客的信任。

服务补救可以提供一个机会去弥补这些缺陷，提供一个给顾客留下正面服务印象的机会。恰当、及时和准确的服务补救可以减弱顾客的不满情绪，部分地恢复顾客满意度和忠诚度，某些情况下甚至还可以大幅度提升顾客满意度和忠诚度。

如何来使用这种方法呢？通常有以下几种服务补救策略：

1. 跟踪并预期补救良机

企业要建立一个跟踪并识别服务失误的系统，使其成为挽救和保持顾客与企业关系的良机。有效的服务补救策略需要企业通过听取顾客意见来确定企业服务失误之所在，不仅被动地听取顾客的抱怨，还要主动地查找那些潜在的服务失误。

市场调查是一个有效的方法，如收集顾客批评、监听顾客抱怨、开通投诉热线、听取顾客投诉等。除此之外，有效的服务担保和意见箱也可以使企业发觉系统中不易觉察的问题。

2. 重视顾客问题

顾客认为，最有效的补救就是企业一线服务员工能主动地出现在现场，承认问题的存在，向顾客道歉，并将问题当面解决。解决的方法很多，可以退款，也可以服务升级，比如零售业的无条件退货。

3. 尽快解决问题

一旦发现服务失误，服务人员必须在失误发生的同时迅速解决失误，否则，没有得到妥善解决的服务失误会很快扩大并升级。在某些情形下，员工还要能在问题出现之前预见到问题即将发生而予以杜绝。

某航班因天气恶劣而推迟降落时，服务人员要预见到乘客们会感到饥饿，特别是儿童。优秀的服务人员会向机上饥饿的乘客们说：“非常感激您的合作与耐心，我们正努力安全降落。机上有充足的晚餐和饮料，如果您同意，我们将先给机上的儿童准备晚餐。”

乘客们定然会表示赞同，因为他们知道，饥饿、哭喊的儿童会使境况变得更糟。服务人员预见到了问题的发生，在它扩大之前，就杜绝了问题的发生。

4. 授予一线员工解决问题的权力

对于一线员工，确实需要特别的服务补救训练。有效的服务补救技巧包括认真倾听顾客抱怨、确定解决办法、灵活变通的能力。企业要授予员工使用补救技巧的权力！当然这种权力的使用是受限制的——在一定的允许范围内，用于解决各种意外情况。企业要鼓励员工大胆使用服务补救的权力。

5. 从补救中吸取经验教训

服务补救不只是弥补服务裂缝、增强与顾客联系的良机，还是一种极有价值但常被忽略的具有诊断性的信息资源。

通过对服务补救整个过程的跟踪，管理者可以发现服务系统中一系列亟待解决的问题，及时修正服务系统中的某些环节，进而使“服务补救”现象不再发生，从而帮助企业提高服务质量。

提高服务质量，满足顾客需求

服务质量评估：进行合理的服务质量评估，逐步完善自己

服务质量评估体系是由一系列相互联系、相互制约、相互作用的评估要素构成的，具有整体性、系统性、协调性。其基本构成要素主要包括评估目标、评估原则、评估内容、评估方法，强调以人为本。服务质量评估体系不仅可以帮助管理者方便、准确地分析、测量、控制、评价服务质量状况，还可以有效推进和保证服务质量全面管理。

1. 服务质量评估体系的构建原则

（1）科学性与实用性一致

科学性是指评估目标、内容和方法既要建立在充分认识和系统研究的科学基础上，能够客观反映服务质量的实际现状，又要在具体实施过程中能够简便操作、简单明了、资料可靠、容易理解。

（2）系统性和层次性一致

服务质量涉及不同层次、不同性质要素，包括人、组织、各自行为、相互关系等，服务质量评估必须进行系统性分析和层次性考察，可以根据系统结构分出层次，使评估体系结构清楚、方便，有效实现系统性和层次性的一致。

（3）全面性和代表性一致

服务质量要素具有多元化特征，能客观、有效地评估服务企业的服务质量状况。实际操作过程中，服务供求是存在一定差异的，为了能及时地将局部的服务质量状况反映出来，要对代表性或典型

性服务质量进行评估，力求全面性和代表性保持一致。

(4) 动态性和静态性一致

服务供求具有动态发展特征，服务质量既是目标也是过程，因此服务质量评估体系必须兼顾动态变化特点。在一定时期以内，服务质量指标及其评估内容是不能频繁变动的，要保持相对的稳定性，力求实现动态性和静态性一致。

2. 服务质量评估体系的构建步骤

第一步，清晰界定服务对象和评估目标。

服务质量评估不仅需要兼顾服务对象的需求、欲望和能力，还要结合上述服务质量评估体系内涵特征要求，有的放矢地选择构建要素，正确设置相关评估。

通常来说，必须清晰地界定服务对象和评估目标要求，重点评估客户满意度、忠诚度和提升能力，将灵活弹性的运行机制作为监管重点，不断提高整体服务质量。

第二步，基于服务链特征设计评估指标。

设计服务质量评估体系指标时，要兼顾服务链特征，按照科学理论对服务产生、维系、实现、改进、提高的全过程进行研判。

从某种程度上说，服务链特征是服务质量评估体系设计的基础。通过建立服务质量评估体系全过程描述，可以及时了解和掌握服务产品开发、生产、消费等全程情况，从而全面、客观、正确、真实地反映出服务质量。

第三步，整体框架符合相关法律法规及标准要求。

服务质量内涵涉及资源优化配置及有效利用，要实现社会、经济和个人三方利益的融合统一。设计总体框架、创建和选择相关要素时，不仅要兼顾经营业务和服务对象的要求，还必须符合相关法律法规和规范化管理标准的要求。

服务质量管理模式：企业在竞争中制胜的法宝

每个企业应根据自身的特点制订相应的服务质量管理规划并严格执行。目前，服务质量管理模式基本上可分为三种模式：产品生产模式、消费者满意程度模式和相互交往模式。

1. 产品生产模式

美国著名管理学家 Levitt 在 20 世纪 70 年代提出了“服务工业化”的观点。他认为，管理人员可以通过生产体系客观地控制无形产品的质量，企业可以使用现代化设备和精心设计的服务操作体系，取代劳动密集型的服务工作，进行大规模生产。

但这种模式取决于两个假设：

（1）管理人员能够全面控制投入生产过程中的各种资源和生产过程使用的技术。

（2）管理人员规定的服务质量、消费者感觉中的服务质量与消费者行为之间存在明显对应关系。

在面对面服务过程中，这些条件并不存在。在服务过程中出现的差错，会对消费者对一系列服务属性的看法产生不利的影响。因此，产品生产模式具有以下缺点：

- 把服务属性看成可以观察、可以测量的有形属性；
- 不能表明服务过程和消费过程的特点；
- 把不同时间、不同场合、不同服务人员为不同消费者提供的不同服务等同起来；
- 消费者的行为往往不是由合理的经济动机激发的，通常是由他们的特殊习惯、心理需要和社会习俗指导的；

• 只强调企业内部组织结构和管理人员规定的服务结果，忽视了企业外部因素和消费者的感觉。

2. 消费者满意程度模式

服务过程是服务人员和消费者相互交往的过程，服务质量不仅和服务结果有关，而且和服务过程有关。消费者满意程度模式强调消费者对服务质量的主观看法，认为消费者是否会选用并反复购买某种服务、在服务过程中是否会和服务人员合作、是否会向他人介绍这种服务，是由消费者对服务过程的主观评估决定的。

消费者满意程度研究极大地丰富了管理人员对服务质量的理解，促使他们重视服务质量的动态性、主观性、复杂性等特点。但是，消费者满意程度模式也存在一些缺点。

• 片面强调消费者满意程度，企业不易兼顾消费者的利益、员工的利益、企业的利益和企业的社会责任。

• 忽视有关环境的影响。消费者不了解企业之间的竞争，对该企业的服务感到满意，这种满意并不是真正的满意。

• 根据消费者满意程度研究服务质量，管理人员要将注意力从服务过程和服务结果转移到消费者的心理感受上。因此，消费者满意程度模式没有克服产品生产模式的缺点。

• 不易测量消费者的主观看法。在消费者满意程度研究中使用的许多测量方法，实际上依然是在测量服务的另一种静态、客观、有形的属性，而不是测量消费者对服务质量的主观评价。

3. 相互交往模式

近年来，许多企业管理学家和营销学家指出，面对面服务的核心是消费者和服务人员的交往。管理人员要根据相互关系理论、角色理论等相互交往理论，分析面对面服务，指导面对面服务设计和管理工作。

4. 打造服务质量保证体系

如何来打造服务质量保证体系呢?

(1) 建立服务管理保证体系

要想提供优质服务，企业各部门就要高效协调，公司要从管理层开始贯彻全程控制理念，在管理层中设置专人负责服务管理，定期召开服务工作会议，按指标核查管理保证体系的工作进程。

(2) 树立服务理念

在企业内部树立服务理念，让服务观念深入每个员工的思想，做到人人为客户服务。一线员工为客户服务，其他员工为一线员工服务，企业要以这种服务链理念为支撑，从根本上提高企业的服务质量，让一线人员将服务奉献给客户。

(3) 建立完善的服务质量标准

在服务理念的指导下，新公司要建立一套完善的内部质量控制标准和服务流程体系，形成一个完整的链条，各个环节之间紧密配合、相互支撑，形成企业内部服务体系，逐渐提高企业整体服务质量，提高服务层次。

(4) 建立服务质量监督部门

之所以要建立服务质量监督部门，主要是为了从机构上将服务提高到一个重要位置。通过该部门监督企业内部的一切服务工作，保障企业的服务流程畅通。

第六章
人力资源管理模式创新
——企业核心竞争力的终极标志

选择合适的招聘策略

员工招聘计划：招聘是人力资源管理中最基础的工作

在人力资源管理工作中，员工招聘有着重要的意义。招聘工作直接关系着企业人力资源的形成，有效的招聘工作不仅可以提高员工素质、改善人员结构，还可以为组织注入新的管理思想、增添新的活力，甚至还有可能给企业带来技术、管理上的重大革新。

对于企业整个人力资源管理活动来说，招聘是基础，有效的招聘工作能为以后的培训、考评、工资福利、劳动关系等管理活动打好基础。由此可见，员工招聘是人力资源管理的基础性工作。

在开始招聘工作之前，人事管理者通常都会撰写一份人员招聘计划。在撰写的过程中，人力资源部门会根据用人部门的增员申请，结合企业的人力资源规划和职务描述，明确需要招聘的职位、人员、资质要求等因素。然后，制订出具体的招聘活动的执行方案。

事实证明，只有确定好了招聘计划，招聘的工作流程才能顺利地执行下去。那么，如何撰写人员的招聘计划？

1. 明确员工需求信息

在撰写人员的招聘计划时，第一步要做的就是明确人员的需求信息、人数。一般情况下，员工的需求信息主要来自 3 个方面：人力资源计划中明确规定的人员需求信息；企业在职人员离职产生的空缺；部门经理递交的、经相关领导批准的招聘申请。

2. 掌握招聘信息的发布时间和渠道

一旦将招聘岗位确定好之后，就要对招聘信息发布的渠道和时间进行确定。

企业在招聘的时候，通常会使用三种类型的渠道：现场招聘、校园招聘和网络招聘。不同的招聘渠道，效果是有所差别的。其中，网络招聘是今天很多企业青睐的。当然，具体的人员最好还是根据职位的类型来进行选择，在撰写招聘计划中，一定要重视这些方面。

3. 确定招聘小组的人员名单

将上面的内容确定好之后，就要确定一下招聘工作的工作人员名单，以及小组中每个招聘人员主要的工作内容。在名单中要明确这样几方面的问题：招聘准备阶段、招聘面试阶段、招聘后续阶段的工作分别由谁负责？招聘人员如何进行分类？如何确定招聘人员的工作范围，让招聘工作得到最有效的实行？

4. 初步拟出招聘预算

招聘预算就是在招聘过程中产生的招聘支出，如招聘的广告支出、招聘会支出、招聘网站渠道的支出等，在初步拟招聘预算的时候，往往需要考虑到三种成本：内在成本、外在成本和直接成本。

5. 制订出考核方案、安排招聘时间

在招聘计划中，要撰写出一份考核方案，明确如何去考核应聘者。由于职位的差别，要求员工具备的工作能力肯定不同，因而在考核的过程中，必须有相应的考核方案。然后，要确定招聘工作的时间安排，明确发布招聘信息时间、面试时间、新员工入职时间等。

很多招聘人员不知道怎么撰写招聘计划，总想要参考一些招聘

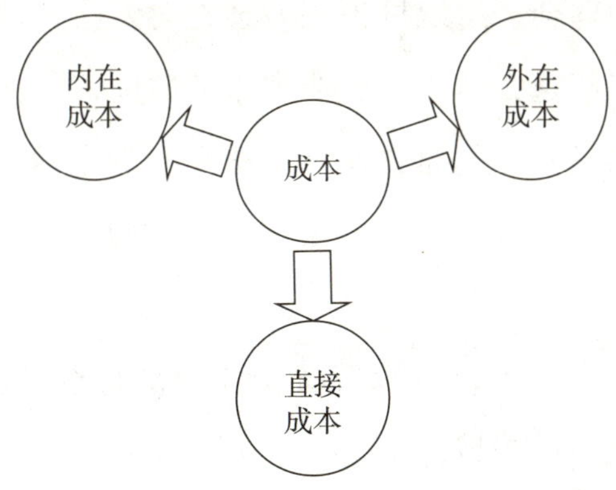

计划模板。其实，写计划书不能只想着模板，只有对公司招聘的职位进行分析，才能写出一份好的招聘计划。

员工招聘渠道：组织招聘行为的辅助之一

招聘渠道是组织招聘行为的辅助之一。一个好的招聘渠道通常具备以下特征：招聘能够达到招聘的要求；在招聘到合适人员情况下所花费的成本最小；符合现实情况且具有可操作性。

在选择招聘渠道的时候，企业有以下几种选择：

1. 现场招聘

现场招聘，是指企业和人才通过第三方提供的场地，进行直接面对面对话，现场完成招聘面试。现场招聘一般包括两种方式：招聘会和人才市场。

一般情况下，招聘会是由各级政府及人才介绍机构发起和组织的，比较正规。同时，大部分招聘会都有特定的主题，如“应届毕业生专场”“研究生学历人才专场”或“IT 类人才专场”等，通过这种毕业时间、学历层次、知识结构等的区分，企业可以方便地选择适合的专场设置招聘摊位，进行招聘。

对于这种招聘会，组织机构一般会先对入会应聘者进行资格的审核，这种初步筛选，节省了企业大量的时间，方便企业对应聘者进行更加深入的考核。但是，这种方法也有一定的局限性，如果企业需要同时招聘几种人才，就要参加几场不同的招聘会，这就增加了企业的招聘成本。

现场招聘的方式不仅可以节省企业初次筛选简历的时间成本，同时简历的有效性也较高；而且相比其他方式，它所需的费用较少。但是现场招聘也存在一定的局限性，首先是地域性，现场招聘一般只能吸引到所在城市及周边地区的应聘者；其次，这种招聘方式也会受到企业的宣传力度的影响。

2. 网络招聘

网络招聘一般指企业在网上发布招聘信息，进行简历筛选、笔试、面试。企业通常可以通过两种方式进行网络招聘，一是在企业自身网站上发布招聘信息，搭建招聘系统；二是与专业招聘网站合作，如中华英才网、前程无忧、智联招聘等，通过这些网站发布招聘信息，利用专业网站已有的系统进行招聘活动。

网络招聘没有地域限制，受众人数多，覆盖面广，而且时效较长，可以在较短时间内获取大量应聘者信息。但是，也会得到许多虚假信息和无用信息，对简历筛选的要求比较高。

3. 校园招聘

校园招聘是许多企业采用的一种招聘渠道，即企业到学校张贴海报，举办宣讲会，吸引即将毕业的学生前来应聘。对于部分优秀的学生，可以由学校推荐；对于一些较为特殊的职位，可以通过学校委托培养后，企业直接录用。

通过校园招聘的学生可塑性较强，干劲充足。但是这些学生通常都没有实际工作经验，需要进行一定的培训才能真正开始工作；而且，很多学生由于刚步入社会，对自己的定位还不清楚，工作的流动性也较大。

4. 传统媒体广告

在报纸杂志、电视和电台等载体上刊登、播放招聘信息，这种招聘方式受众面广、收效快、过程简单，一般会收到较多的应聘资料，也可以对企业起到一定的宣传作用。

通过这一渠道应聘的人员分布广泛，但高级人才很少采用这种求职方式，所以招聘公司中基层和技术职位的员工时比较适用。同时，该渠道的效果会受到广告载体的影响力、覆盖面、时效性的影响。

5. 人才介绍机构

这种机构一方面为企业寻找人才，另一方面也帮助人才寻找合适的雇主。人才介绍机构一般包括针对中低端人才的职业介绍机构和针对高端人才的猎头公司。

企业通过这种方式招聘是最为便捷的，因为企业只需把招聘需求提交给人才介绍机构，人才介绍机构就会根据自身掌握的资源和信息寻找和考核人才，然后将合适的人员推荐给企业。但是这种方式所需的费用也相对较高，猎头公司一般会收取此人年薪的20%～30%作为猎头费用。

6. 内部招聘

内部招聘是指公司将职位空缺向员工公布出来，鼓励员工竞争上岗，如中国移动就采用这种招聘方式。对于大型企业来说，进行内部招聘有助于增强员工的流动性，同时有助于提高员工工作的积极性，可以提高员工的满意度，留住人才。

内部招聘的人才一般对公司和业务已经比较了解，可以较快进入新角色，不需要公司大量的培训成本。但是这种方式也有一定的缺点，如果企业过多地使用内部招聘，就会缺少乏新观点新视角的加入，员工存在一定的思维惯性，缺少活力。

通常来说，内部招聘渠道包括职位公告、职位技术档案、员工推荐等三种。以员工推荐为例，我国许多企业都采取老员工推荐的方法来招聘新员工，针对性、可靠性比较高。但如果某一地区员工推荐过多，很可能会产生一些小利益团体。

为了鼓励员工推荐，企业可以出台一些奖励措施。2010 年年初，金融危机后，企业订单激增，外来务工人员不足，深圳富士康推出了员工推荐老乡有奖励的方法，比如，报销到深圳的路费，并发放奖金 200 元。

7. 员工推荐

企业可以让员工推荐其亲戚朋友来应聘公司的职位，这种招聘方式最大的优点是企业和应聘者双方掌握的信息较为对称。介绍人会将应聘者真实的情况向企业介绍，可以节省企业对应聘者进行真实性的考察；同时，应聘者也可以通过介绍人了解企业各方面的内部情况，做出理性选择。

有许多企业采用这种招聘方式，如高露洁公司就鼓励员工推荐并设置了些激励手段，如果应聘者被录取，介绍人将会得到一定的奖金。

采用该渠道时也有一些负面影响：公司内部员工或中高层领导为了栽培个人在公司的势力，在公司重要岗位安排自己的亲信，会影响的公司正常的组织架构和运作。

8. 人事外包

所谓人事外包，是指企业整合利用其外部最优秀的专业化资源，降低成本、提高效率、充分发挥自身核心竞争力，增强企业对环境的迅速应变能力。

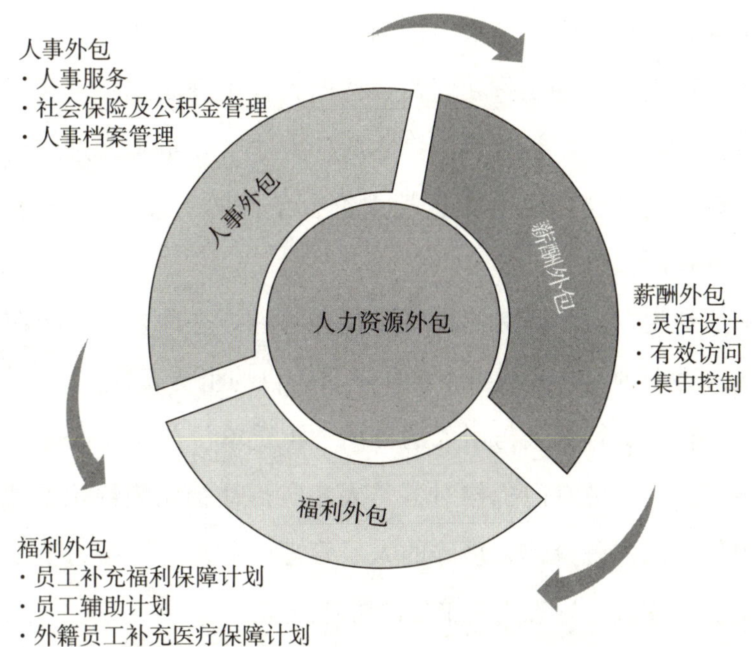

在一个企业里，要健全人力资源部门，就要设置配套的各种专业人力资源人员，如薪资管理专员、招聘专员、培训专员等。相对来说，代价是相当大的。但是，国内很多企业都没有这样的配备，尤其是一部分中小型企业，于是就把这一块管理外包给人事机构。

专业的人力资源机构相对来说比很多企业的人力资源部门做得更加完备，企业借助专业机构来完善自身人力资源不足的现象，从而节约了自己的资源，创造了最大的价值。

人事代理的好处有很多，如规避风险、减少纠纷、降低营运成本、节省人事专员的时间、提高工作效率等。根据企业的实际需求，提供专业人事服务，企业不但可以及时引进先进的人事管理方式、规避政策风险、提高员工满意度，还可以节省大量事务性工作的人力、资金和时间。

9. 人才租赁

人才租赁是我国近年来出现的一种派生的人才服务项目，是指用人单位根据自己的工作实际需要，向人才中介组织提出所需人才的标准条件和工资、福利待遇。之后，人才中介组织通过查询自己的人才库、向社会招聘等方式搜索符合条件的人才，经严格挑选，把人才派往用人单位工作。

一般地说，人才租赁的主要形式有两种：一种是按一定期限租赁人员；另一种是以完成某个工作项目为目的租赁人员。

人才租赁实行管人与用人的分离，租赁单位与所租人才不发生人事隶属关系，由专门机构对各类人才实行社会化集约化管理，使用人单位可以摆脱具体、琐碎的人事管理事务，集中精力于生产经营的主业，有效地减轻用人单位的管理负担。

面试：直接和应聘者面对面

面试是一种经过组织者精心设计，在特定场景下，以考官对考生的面对面交谈与观察为主要手段，由表及里测评考生的知识、能力、经验等有关素质的一种考试活动。

面试是公司挑选职工的一种重要方法。面试给公司和应聘者提供了进行双向交流的机会，能使公司和应聘者之间相互了解，从而双方都可更准确做出聘用与否、受聘与否的决定。

1. 面试形式

面试有很多形式，依据面试的内容与要求，大致可以分为以下5 种。

（1）问题式面试

招聘者按照事先拟订的提纲对求职者进行发问，请予回答，主要是想观察求职者在特殊环境中的表现，考核其知识与业务，判断其解决问题的能力，获得有关求职者的第一手资料。

（2）压力式面试

招聘者有意识地对求职者施加压力，就某一问题或某一事件作一连串的发问，详细具体且追根问底，直至无以对答。这种方式主要是为了观察求职者在特殊压力下的反应、思维敏捷程度和应变能力。

（3）随意式面试

招聘者与求职者海阔天空、漫无边际地进行交谈，气氛轻松活跃，无拘无束，招聘者与求职者自由发表言论，各抒己见。这种方式主要是为了在闲聊中观察求职者的谈吐、举止、知识、能力、气质和风度，对其做全方位的综合素质考察。

（4）情景式面试

招聘者事先设定一个情景，提出一个问题或一项计划，请求职者进入角色模拟完成，主要是为了考核求职者分析问题、解决问题的能力。

（5）综合式面试

招聘者通过多种方式考察求职者的综合能力和素质，比如，用外语与其交谈，要求即时作文，或即兴演讲，或要求写一段文字，甚至操作一下计算机等，用以考察其外语水平、文字能力、书法及口才表达等各方面的能力。

上面的这些方式已经囊括了今天流行的主要招聘方式。其实，为了选拔出优秀的人才，在实际面试过程中，招聘者可以采取一种或同时采取几种面试方式，也可以就某一方面的问题对求职者进行更广泛、更深刻及深层次的考察。

2. 面试的种类

（1）集体面试

很多求职者在一起进行的面试。就招聘者来讲，在专业、地域及其他各方面都有较大的选择余地。

（2）个体面试

用人单位对求职者单独进行的面试。

（3）视频面试

1）在线视频面试。

通过即时性视频聊天软件进行在线同步的视频面试。

2）异步视频面试。

利用异步视频面试系统，企业 HR 简单地用短信或者邮件将面试邀请发给候选人，候选人就可以通过智能手机、摄像头等设备录制并上传视频答卷，然后企业 HR 就可以观看、评价、分享和比较视频，随时随地轻松完成候选人筛选。

多种途径激发员工的工作热情

目标激励：通过目标的设置来激发员工主动工作

目标激励就是把企业的需求转化为员工的需求。为了解除这一需求给他带来的紧张，他会更加努力地工作。在员工取得阶段性成果的时候，管理者要把成果反馈给员工，让员工知道自己的努力水平是否足够，是否需要更加努力，从而逐渐提高他们的目标。

目标管理是一种先进的、现代的管理方法，能有效管理员工绩效、提高员工的工作积极性、改善员工的技能。今天，很多公司都在推行目标管理法，但是在实施过程中很多企业却是囫囵吞枣。

清晰的、合理的目标能够激发人的潜能，从而创造更优秀的业绩，当目标是自己认可和制定的时候这种作用更加明显。所以，制定目标有一个原则：目标应当是上级和下级共同制定的，或者说至少是要充分沟通的。

如何让目标成为员工个人的，让目标的激励作用成为内生激励呢？

一方面，公司要培养基于绩效导向的企业文化，使得达成目标、提高业绩成为员工普遍的追求，从而形成内在的激励。

另一方面，应当完善员工的职业生涯规划，每年为每一位员工制订年度发展计划，使得日常工作目标成为实现其个人年度发展目标的组成环节，使得目标的完成由与外在激励挂钩转为与内在激励挂钩。

运用目标激励必须注意3点：

（1）目标设置必须符合激励对象的需要。要把激励对象的工作成就同其正当的获得期望联系起来，使激励对象表现出积极的目的性行为。

（2）提出的目标一定要明确。比如，“本月销售收入要比上月有所增长”这样的目标就不如“本月销售收入要比上月增长10%”这样的目标更有激励作用。

（3）设置的目标既要切实可行，又要具有挑战性。目标难度太大，让人可望而不可即；目标过低，影响人们的期望值，难以催人奋进。

无论目标客观上是否可以达到，只要员工主观认为目标不可达到，他们努力的程度就会降低。目标设定应当像树上的苹果那样，站在地上摘不到，但只要跳起来就能摘到。正确的做法是将长远目标分解为阶段目标。

发展激励：用发展目标吸引员工发挥主动性

调查发现，有将近一半的离职优秀雇员是由于他们看不到希望。由此可见，杰出的管理者一定要善于运用愿景激励方法来激励员工。

什么是企业愿景呢？

企业愿景是指企业成员所共同持有的意向，也就是让他们对自己要“创造什么”有所认识。它代表着一种共同的愿望与梦想，可以将人们紧密结合在一起，推动他们顺利地完成任务、达成目标、拓展事业，并在此过程中体现出自身的价值。

企业愿景能够唤起员工的希望，特别是员工们内心的共同愿望。领导者要把远见带进企业，激励员工实现愿景。但一定要谨记，企业并非只是为了拟定愿景和目标，同时也是为了让全体员工获得丰厚的回报。

朗讯公司罗斯先生的职责就是询问每一位优秀员工有什么愿望，然后根据他们的愿望来制订一个计划以帮助他们实现梦想。在朗讯公司，每一位高层管理者都会与优秀下属沟通，讨论一下哪个方面最有利于员工的发展，然后帮助员工朝那个方面发展。

朗讯公司的管理者们为员工提供了很多发展的机会，比如，让他们参与涉外业务，加入业界联合会等。通过这些做法，可以提高员工的业务能力，发挥他们的创新精神，提高他们的积极性和主动性，这对企业来说非常重要。

如果员工愿意向公司透露自己的职业生涯发展愿望，人力资源部门就会制订一个可行的计划并作出后续措施的承诺。朗讯会肯定员工的才能，并设法帮助员工在职业生涯中发展这种才能，促使员工打消跳槽的念头。

任何一家企业都希望员工对企业全身心投入，朗讯当然也不例外，但他们认为，要想让员工全心全意为企业效劳，就必须了解员工的期望，并设法满足员工的这些需求。这是企业激励员工必须要做的工作。为此，朗讯的高层管理者们经常告诫从事帮助员工设计职业生涯的人员，要根据员工的实际意愿帮助员工管理职业生涯，不能对员工的需要横加干涉。

经过全公司上下的一致努力，朗讯在这方面取得了相当不错的成果，他们建立了一套制订职业生涯发展规划的制度以及与之相对应的实现措施，帮助员工实现职业理想。当然，最关键的是，朗讯公司通过这些举措，更加有效地激励着员工为企业的发展作出了自己的贡献。

制定愿景从某种意义上说就是为企业找到了一条通往光明的正确道路，为广大员工创造优越条件，可以推动企业沿着这条光明大道快速前进。有效的愿景激励能保证员工扫除前进道路上的一切障碍。

在用愿景激励员工的过程中，千万不能搞形式主义。真正的企业愿景能够使全体成员紧紧地连接在一起，有利于淡化人与人之间的个人利益冲突，形成一种强大的凝聚力。如果企业愿景流于形式，只在口头上喊几句口号，虽表面浮华，但员工照样在工作中拖拖拉拉，对企业是有害无益的。

企业愿景诞生于每个员工的个人愿望之中，是属于全体员工的。只有这样，当员工知道自己在实现企业愿景的同时也是在实现个人目标时，才会看到自己的工作价值。一个好的愿景可以激发企业员工的潜力，如何打造共同愿景呢？

1. 全体员工积极参与，规划个人愿景

只有当团队的成员不把自己视作团队的附属物时，才能够把共同愿景当做个人愿景的体现，并为企业的共同愿景贡献出自己的力量。由此可见，要想打造出能够激发出团队成员潜力的共同愿景，企业领导就得持续有效地鼓励每位员工发现自己的愿景，并积极引导员工共同进行讨论，找出共同之处，把企业员工个人的愿景作为共同愿景的基础。

2. 在相互尊重的前提下进行双向沟通

聪明的企业领导都会提出“双向沟通”的概念，不仅让所有员工在尽情表达自己的想法的同时，还要学习如何聆听其他员工的想法。在聆听他人之时要学会不断地完善自我，从而创造出更好的想法，找到真正的个人愿景。

因此，对企业领导者来说，在确定共同愿景时要懂得运用双向沟通的技巧，并向下属阐明这一工作的重要性。同时，在沟通过程中，必须平等对待每一位员工，大家也要彼此尊重。只有在这样一个良好的氛围中，才会打造出全面激发企业潜能的共同愿景。

3. 描绘出整体图像，确定共同愿景

企业通过全员参与，相互沟通，让每一个人实事求是地规划出自己的愿景；然后进行征集、筛选，再结合企业的其他观念，不断提炼，最后描绘出一个整体的图像。

企业的共同愿景要反映出企业员工的个人愿景，当全体员工在分享共同愿景时，才会对每个人都有一个完整的团队图像，使每个人都对整体分担责任。这样建立的企业愿景，成员才会真正地感觉到这个共同愿景既是“企业的愿景”，也是“我们的愿景”。

为了使所确定出的共同愿景能够在实际的工作当中更好地发挥作用，共同愿景要具备简单易懂、有强烈吸引力、有助于建立起一套标准、具有很强的操作性等特征。

4. 愿景的颁布与实施

美好的愿景是企业或团队持续发展的动力，因此，企业愿景一旦确定，就要及时地告知每一位成员，最好再从当中提炼出各个部门的愿景宣言，用一些简洁的方式不断地鼓舞大家。

薪酬激励：用薪酬让员工能力资源最大化

为了激励员工，有些组织会提供一定的报酬刺激，来激发组织成员努力完成一定的工作任务，实现组织目标。广义地说，报酬激励有两种形式：一是外在报酬激励，即组织通过提高工资、奖金、福利和社会地位等对员工进行激励：二是内在报酬激励，即通过工作任务本身来进行激励。研究表明，外在报酬因素虽然不是决定人们工作中表现的唯一主导因素，但是会直接影响员工对自己工作的满意程度，通常都能起到比较明显的激励效果。

有效的报酬激励要求对组织成员工作绩效进行客观公平的鉴定，并给予应有的报酬。其实，有效的薪酬激励只是相对于传统的利用工资、金钱等外在的物质因素来促使员工完成企业工作目标来说的，如果能够从尊重员工的“能力”“愿望”“个人决策”和“自主选择”角度出发，就能更好地创造员工个人与企业利益的“一体化”

的氛围。

1. 有效激励的构成要素

一般来说，有效的薪酬激励是由以下几个要素构成的。

（1）基于岗位的技能工资制

基于岗位的技能工资制是岗位工资体系上的创新，形成一种强调个人知识水平和技能，推动员工通过个人素质的提高实现工资增长的工资体系。

不同于岗位工资体系，单纯根据岗位本身的特征来决定岗位承担者的工资额，而是将岗位承担者所担任的工作内容和完成工作时能力发挥的程度作为工资多少的关键因素。

在这种工资体系下，一方面，公司对知识水平高、能力强的员工的吸引力大大加强，同时也减少了这类员工从公司流失的可能性；另一方面，也可以激励员工不断提高自身的能力，最终能为企业作出更大贡献。

（2）灵活的奖金制度

奖金作为薪酬的一部分，相对于工资，主要目的是能在员工为公司作出额外贡献时给予激励。但国内大部分企业的奖金在相当程度上已经失去了奖励的意义，变成了固定的附加工资。美国通用电气在研究了奖金发放中的利弊后，建立奖金制度时，为了体现奖金发放的灵活性，特别遵循了以下原则：

1）割断奖金与权利之间的“脐带”。通用电气废除了奖金多寡与职位高低联系的旧做法，使奖金的发放与职位高低脱离，给人们更多的不需提高职位而增加报酬的机会，让奖金真正起到激励先进的作用，也防止高层领导放松工作、不劳而获的官僚作风。

2）奖金可逆性。不把奖金固定化，否则员工会把奖金看作理所当然，“奖金”也就沦为一种“额外工资”了，起不到奖金的激励作用。通用电气根据员工表现的变化随时调整奖金数额，让员工有成就感，更有危机感，从而鞭策员工做好本职工作，长期不懈。

（3）自助式福利体系。在兼顾公平的前提下，员工所享有的福利和工作业绩密切相关。不同的部门有不同的业绩评估体系，员工定期的绩效评估结果决定福利的档次差距，其目的在于激励广大员工力争上游，从体制上杜绝福利平均的弊端。

2. 报酬激励法形式

（1）对员工的报酬激励

对一般员工的报酬激励的主要形式有以下几种（见表6－1）：

表6－1　对员工的报酬激励的几种主要形式

种　类	说　明
金　钱	包括工资、津贴、货币性福利等。如果能将金钱激励与员工的工作成绩紧密联系起来，它的激励作用将会持续相当长的一段时期
认可和赞赏	认可和赞赏有时可以成为比金钱更具激励作用的奖酬资源。在管理实践中，用认可和赞赏的方式对员工进行奖励，可以采取多种灵活形式
带薪休假	带薪休假对很多员工来说，都具有吸引力，特别是对那些追求丰富的业余生活的员工来说，更是情之所钟
员工持股	实践证明，一旦员工变成所有者，他们不仅会以主人翁的精神投入工作，并基本不会做出损害公司效率和利益的行为
享有一定的自由	对能有效地完成工作的员工，可以减少或撤销工作检查，允许他们选择工作时间、地点和方式，或者允许他们选择自己喜欢干的工作
提供发展和晋升的机会	这一方式几乎对所有的员工都有吸引力

（2）对管理人员的报酬激励

这里所指的管理人员包括中下层管理人员和组织的高层经营者。管理人员与一般员工相比，倾向于更高层次的需要。也就是说，管理人员的高层次需要的强度相对偏高一些。

高层次需要更多的是从工作本身得到满足。当然，经济刺激仍然是较为重要的激励因素。对管理人员的报酬激励，除去与一般员工相同之外，其主要特点有以下三个方面：

1）长期奖励。相对来说，各级管理人员的工作对组织的长远发展能产生比较大的影响，因此，对管理人员的报酬激励要突出对其长期行为的引导。

长期奖励的作用就是能克服管理人员的短期行为，从而保证组织的持续发展。长期奖励的主要形式有股票和股票期权等。有统计数字表明，参加股票期权计划者，80%以上都是企业的管理人员。

2）特别福利。管理人员在一定职位上享有的特别待遇。当这种待遇可观时，也能起到一定的激励作用。这种特殊福利包括无偿使用组织的车辆、带家属旅行、从组织获得无息和低息贷款等。

3）在职消费。由于管理人员在组织内都担任不同的职位，因此，都存在不同程度的在职消费。这类非货币性消费包括设备先进的办公室、高素质秘书、到风景胜地旅游、增雇员工等。

在这方面，比较可行的有两个办法：一是在管理人员的报酬与一般员工的报酬之间建立明确的挂钩关系；二是将付给管理人员的报酬限制在一个事先约定的乘数之内。

组织文化激励：利用组织文化的特有力量激励成员实现目标

员工激励是企业一个永恒的话题。

任何一个成功的企业经营者都知道，只有将企业的员工紧紧团结在一起，激发出他们的工作热情和内在潜力，使他们把自己的智慧、能力和需求与企业的发展目标结合起来，去努力、去创造、去革新，才能让企业获得发展。正因为如此，成功的企业都十分重视激发其员工的积极性与创造性，他们会花费更多的时间和精力致力于激发员工潜力，并把激励作为企业长盛不衰的法宝来看待。

每个人都有被欣赏的需求。对于员工来说，他们的时间、精力也是一种投资，他们也需要获得回报，得到认同，他们也需要明确知道他们在为这个企业做些什么。

肯德基在中国的飞速发展首先应得益于“激励文化”。据说，百胜餐饮集团全球总裁诺瓦克亲手写过数千张“感谢信”的信函，还有趣地在签名之后画上一个笑脸。

从一开始，肯德基就没有高级管理层亲自到餐厅激励员工士气的惯例。管理人员对所有的员工都直呼其名，让员工感到很亲切。肯德基有一张苏敬轼先生手托盘子站在一队餐厅服务生中的彩色照片，题为“我托盘子也在行”，这就是“激励文化”的产物。

另外，公司的高层管理人员每年都要定期“巡视”自己管辖区内的每个餐厅，与每个餐厅的经理面对面地交流，听取意见和建议。餐厅员工都可以直呼所有管理人员的名字，大家的关系很融洽。而且员工常听到他的主管或经理说“辛苦你了”、“不错”、“做得很棒”等，当听到这些赞美鼓励的话时，员工对自己的工作更有信心。

肯德基不同门店激励员工的方法可谓是各有千秋，有一家肯德基餐厅经理在店里设立了一面“星光墙”，用来表彰员工。比如，员工下雨天给一脸雨水的顾客递上了纸巾；进门时还没来得及换好工作服的员工，主动把一叠要洗的托盘送去清洗等。虽然是很细小的事情，却使他们都成了“星光墙”上的“大明星”。

在中国台湾肯德基公司办公室，有一面墙贴满了一张张的“认同卡”。这些认同卡不是用来买东西，却有着比信用卡更神奇的魔力。这个名叫“鼓励认同卡”的小卡片只有“TO”和“FROM”两栏，代表谁要对谁鼓励或是感谢。对于不习惯用语言来感谢和鼓励的人来说，用笔来写，倒是一个不错的方法。

组织文化激励法是利用组织文化的特有力量，激励组织成员向组织期望的目标行动。组织文化是一个组织在长期的运行过程中提炼和培养出来的一种适合组织特点的管理方式，是组织群体所共同认可的特有的价值观念、行为规范及奖惩规则等的总和。一个具有激励特性的、优良的组织文化能调动组织成员的积极性、主动性和创造性。

按照组织文化的构成要素，组织文化激励法主要包括以下内容。

（1）价值观激励

尽管组织价值观的发展呈多元化和个性化的趋势，但杰出企业的共同价值取向是树立崇高目标、建立共识和追求卓越。因此，良好的价值观能增强组织的凝聚力，培养员工奋发向上的精神，并对每个成员的目标和行为具有导向和激励作用。

（2）榜样激励

榜样的力量是无穷的，组织的榜样人物所树立的形象和所起的模范作用，对组织中的其他人员会具有很强的激励功能。榜样人物对自己是一个压力，对先进者是一个挑战，对一般人有激励作用，对后进者能产生心理上的压力。

榜样应是公认的，具有权威性的，能使大家产生敬仰的心情。特别是领导者行为通过榜样作用，激发下属的动机，以调动工作、学习积极性。领导者良好的行为具有权威性，权威是暗示成功的重要心理条件，使下属很快受到良好影响。

（3）组织形象激励

组织形象激励是指组织利用形象增强组织成员的成就感、自豪感和对组织的忠诚度。

进行合理的薪酬管理

员工工资制度：制定合理的工资制度调动员工积极性

员工对公平的感知通常包括 3 个方面：内部公平、外部公平和分配公平。

所谓内部公平，就是要明确不同职位对公司发展的价值大小，以价值评价结果为依据，对职位的薪酬水平进行确定；所谓外部公平，就是与外部劳动力市场相比较，公司的薪酬水平要保持竞争力，以吸引优秀人才；所谓分配公平，就是要对员工的价值创造给以回报，将员工的绩效和薪酬结合。

在尽力做到公平的基础上，企业在设计薪酬制度时，需要关注一些关键要素，并据此制定有利于劳动关系双方的薪酬策略。

1. 制定薪酬体系的 4 个关键要素

在制定薪酬制度时，首先要解决两个基本问题：我们的依据是什么？我们激励什么？如果这两个问题不能够得到解决，制定的薪酬制度往往就会缺乏激励性。从世界一流的企业在薪酬管理的实践来看，制定激励性的薪酬制度有4个关键要素：

（1）职位要素

职位是薪酬管理的基本单位。以职位为基本单位制定薪酬制度的核心是，根据“职位价值”确定职位的薪酬水平。通过职位评价确定职位价值，然后提出职位的任职资格并据此来决定任职者。职位薪酬制度是以“职位价值”而不是以“人”来确定薪酬水平。

由于职位设计往往来自组织的战略，所以，这种薪酬制度有非常明确的战略导向。如果不根据职位确定工资，而是根据行政级别或职务高低确定薪酬，只能让员工为了提高自己的行政级别争先恐后地挤在独木桥上，削弱组织的竞争力。

（2）绩效要素

在薪酬制度设计中，关注绩效的实质是关注任职者的贡献度。有些人虽然在非常重要的职位上任职，但是其绩效产生达不到该职位的要求，也不能得到该职位所对应的薪酬。

在薪酬管理中强调绩效的作用，是分配制度的重要转变，即由给“人”发工资变为给“事”发工资。

给“人”发工资，是依据人的自然要素来决定薪酬水平。人的自然要素包括工龄、学历、职称、性别等，这些东西最大一个特点就是不可激励。所以，企业要给“事”发工资，激励员工产生更高的绩效。

（3）素质和价值观

设计薪酬制度时要充分关注员工的素质和价值观，这是进行长期激励的基础。为了建立稳定和谐的劳动关系，企业需要对那些认同公司核心价值观，并且具备良好综合素质的员工给予长期激励计划，以激励他们长期为企业贡献绩效，并在未来为企业持续创造价值。

（4）市场要素

在职位、绩效、素质和价值观要素的基础上，企业设计薪酬制度还需要关注市场要素，即考察某些职位在市场中的竞争力以及薪酬水平状况。

如果某些职位人才短缺或者任职者需要特殊的专业化技能，企业往往会据此制定特殊的薪酬战略，获取和留住关键职位的员工。因此，市场因素是薪酬制度设计中的一个非常重要的调整要素。

2. 设计薪酬激励体系的策略

在薪酬制度设计中，除了要关注职位、绩效、素质和价值观、市场等几个基本要素外，还需要采取一些有效的策略以提高薪酬制度对劳动者和用人单位双方的激励。

（1）薪酬战略明确化

世界领先企业的薪酬体系有一个共性——都有明确的薪酬战略，并且薪酬战略与公司的经营战略、企业文化保持高度的一致，大多数的企业都制定了 2 ~ 5 年的薪酬战略目标。薪酬战略目标的明确化，不仅有利于企业为员工制订长期的激励计划，有利于增强员工对企业的认同，还能够给员工长期的职业安全感。

（2）薪酬政策透明化

薪酬是回报，更是激励。薪酬制度的活力在于员工能够看到自己的表现得到准确和公正的评价。让员工了解企业的薪酬政策，有利于提升企业对员工的吸引力。

很多企业在薪酬政策上采取保密行为，不让员工知道薪酬到底是依据什么制定的，员工无从了解企业在激励什么、鼓励什么、回报什么，大大减弱了薪酬政策对员工的激励作用。

其实，不仅不能对薪酬政策进行保密，相反更应该宣传，让薪酬政策透明化，让员工看到企业对自己的期望，并据此调整自己的行为。

薪酬政策的透明化不仅可以正确地引导员工的行为，而且还可以减少诉讼和纠纷的发生，以利于劳动者和用人单位双方建立互信的机制。

（3）薪酬激励长期化

一些企业热衷于制订短期激励计划，虽然有助于提升企业的吸引力，但不利于长期地稳定优秀员工，因为企业没有长期激励措施，员工不可能有长期的行为。世界一流的企业大都针对员工实施了员工持股和股票期权计划。所以，企业应该从长期激励的角度出发，给员工适度地开放股权。

（4）福利待遇货币化、社会化

从世界一流企业的福利政策来看，福利应逐渐走向社会化和货币化，企业要把主要的激励政策和组织绩效结合起来，提升企业的持续竞争优势。

员工奖金和津贴：给员工的额外报酬

1. 奖金

奖金作为一种工资形式，其作用是对与生产或工作直接相关的超额劳动给予报酬。奖金是对劳动者在创造超过正常劳动定额以外的社会所需要的劳动成果时，所给予的物质补偿。奖金一般有以下几种形式：

（1）针对个人的奖励

个人奖励计划是用来奖励达到与工作相关的绩效标准的员工，

常见的有计件制、管理激励计划、行为鼓励计划、推荐计划。针对不同类型的组织成员，这里重点阐述三种类型（见表6-2）：

表6-2 针对不同类型组织成员的不同激励计划

类型	说明
针对管理人员的激励计划	主要分为短期激励和长期激励两种。短期激励是对管理人员完成短期（通常是年度）目标的奖励。长期激励是奖励为组织长期绩效作出贡献的管理人员，可以弥补短期激励计划带来的短期利益行为，使管理工作人员更注重组织的长期发展
针对销售人员实施的激励计划	常见的主要有佣金制、基本工资加佣金制、基本工资加奖金制、基本工资加津贴制、基本工资加红利制
针对专业技术人员的激励计划	一般来说，专业技术人员的报酬比较高，而且成就需要较为强烈，因此，对专业技术人员不仅要用奖金支付、利润分享和企业股票认购等计划进行激励，还要为其创造良好的工作条件和提供多种学习机会

（2）针对集体的奖励

当组织中部分工作性质相互依赖，并且员工个人的贡献很难考核时，最适合使用针对集体的奖励计划，这种集体可以是项目组、生产班组、管理团队、部门等。

在集体奖励计划中，组织在集体达成事先设定的绩效标准之后，再给集体内的每个员工发放奖金。集体内员工不仅要服从主管的命令，而且必须为实现集体的目标而制订计划。

（3）公司整体计划

在公司超过最低绩效标准时，可以给员工发放奖金。公司的整体计划有多种形式，可以分为分红制、员工股权计划和斯坎伦计划等。

1）分红制。是将公司利润按事先规定的百分比分配给员工的一种报酬计划。分红计划有多种衍生形式，现在主要形式有3种：当前计划、延期计划和联合计划。当前计划，即利润一经确定即以现金或股票方式向员工支付；延期计划，即将公司的待分配资金存入一家不可撤销的信托公司，记在员工个人账户上；联合计划，即允许员工现期得到根据公司利润应得的一部分报酬，另一部分报酬延期支付。

2）员工股权计划。公司给员工购买股票的权利，就是员工股权计划。公司股票代表公司的所有财产价值，把股本划分为价值相等的等份。股权是员工购买公司股票的权利，员工只有在行使其股权之后才真正拥有股票；在公司确定的一段时间期限之后，员工可以按指定价格购买股票。作为一种促进生产力的激励手段，赋予员工股权可以提高员工的积极性，增加公司股票的价值。

3）斯坎伦计划。这是一种把员工和公司业绩紧密联系在一起的利益分享计划，是指员工共同努力达到公司生产目标，给予其的一种奖励。员工可以充分享受自己的权利，一旦提建议节省了劳动成本，就可以得到一定的经济奖励。

2. 津贴

津贴，是指补偿职工在特殊条件下的劳动消耗及生活费额外支出的工资补充形式。常见的形式主要有矿山井下津贴、高温津贴、野外矿工津贴、林区津贴、山区津贴、驻岛津贴、艰苦气象台站津贴、保健津贴、医疗卫生津贴等。

（1）津贴标准

津贴标准是指某项津贴在单位时间内应支付的金额。它的确定主要有两种方式：一是按照雇员基本工资的一定百分比计算；二是按照绝对数额计算。第一种方式比较少见，大多数是按绝对数额计算。津贴标准在确定时考虑的因素包括以下 3 个方面：

1）工资标准。如果在制订工资标准时，已经考虑了对特殊劳动的补偿，就没有必要另设津贴补偿；如果制订的工资标准不能全面反映一些岗位和工种的特殊劳动性质和劳动消耗，就需要单独设立补偿津贴。

2）劳动特殊性。对劳动的特殊性及劳动对雇员的影响，要进行科学测量，作为确定不同等级津贴标准的依据。

3）健康损害程度。一些津贴的发放是为了补偿和预防特殊工作条件对劳动者身体健康造成的损害，津贴标准的确定与对雇员身体的损害程度直接相关。因此，需要通过一些相关部门的技术测定，例如，医疗单位、职业病防治部门等对职业病的发病率和治愈率等多种因素进行科学量度。

（2）支付形式

津贴的支付方式有两种：实物和货币。在一般情况下，与额外劳动补偿有关的津贴支付货币，并构成辅助工资的一个组成部分；与身体健康补偿有关的津贴有的采取实物的形式，有的采取货币的形式，以货币的形式居多。支付周期通常以出勤日累计，按月随工资支付。

员工福利：给员工一些间接报酬

福利是员工的间接报酬，一般包括健康保险、带薪假期和退休金等形式。这些奖励作为企业成员福利的一部分，奖给职工个人或者员工小组。

福利必须被视为全部报酬的一部分，而总报酬是人力资源战略决策的重要方面之一。从管理层的角度看，福利可对以下若干战略目标作出贡献：协助吸引员工、协助保持员工、提高企业在员工和其他企业心目中的形象、提高员工对职务的满意度。

福利的项目，一般包括以下几个方面：

(1) 广义福利与狭义福利

广义的福利泛指在支付工资、奖金之外的所有待遇，包括社会保险在内。

狭义的福利是指企业根据劳动者的劳动在工资、奖金，以及社会保险之外的其他待遇。

(2) 法定福利与补充福利

1）法定福利。亦称基本福利，是指按照国家法律法规和政策规定必须发生的福利项目，其特点是只要企业建立并存在，就有义务、有责任且必须按照国家统一规定的福利项目和支付标准支付，不受企业所有制性质、经济效益和支付能力的影响。法定福利包括以下项目（见表6－3）：

表6－3　　法定福利的项目

项　目	说　明
社会保险	包括生育保险、养老保险、医疗保险、工伤保险、失业保险以及疾病、伤残、遗属三种津贴
法定节假日	按照1999年国务院令270号颁布的《全国年节及纪念日放假办法》，全年法定节假日为10天
特殊情况下的工资支付	指除属于社会保险，如病假工资或疾病救济费、产假工资之外的特殊情况下的工资支付，如婚丧假工资、探亲假工资
工资性津贴	包括上下班交通费补贴、洗理费、书报费等
工资总额外补贴项目	包括计划生育独生子女补贴、冬季取暖补贴

2）补充福利。是指在国家法定的基本福利之外，由企业自定的福利项目。

企业补充福利项目的多少、标准的高低，在很大程度上要受到企业经济效益和支付能力的影响以及企业出于自身某种目的的考虑。

补充福利的项目五花八门，常见的有：交通补贴、房租补助、免费住房、工作午餐、女工卫生费、通信补助、互助会、职工生活困难补助、财产保险、人寿保险、法律顾问、心理咨询、贷款担保、内部优惠商品、搬家补助、子女医疗费补助等。

（3）集体福利与个人福利

1）集体福利。主要是指全部职工可以享受的公共福利设施，包括：职工集体生活设施，如职工食堂、托儿所、幼儿园等；集体文化体育设施，如图书馆、阅览室、健身室、浴池、体育场；医疗设施，如医院、医疗室等。

2）个人福利。是指在个人具备国家及所在企业规定的条件时可以享受的福利，如探亲假、冬季取暖补贴、子女医疗补助、生活困难补助、房租补贴等。

（4）经济性福利与非经济性福利

1）经济性福利。包括以下项目：

住房性福利。以成本价向员工出售住房，发放房租补贴等。

交通性福利。为员工免费购买公共汽车月票或地铁月票，用班车接送员工上下班。

饮食性福利。免费供应午餐、慰问性的水果等。

教育培训性福利。员工的脱产进修、短期培训等。

医疗保健性福利。免费为员工进行例行体检，或者打预防针等。

有薪节假。节日、假日，以及事假、探亲假、带薪休假等。

文化旅游性福利。为员工过生日而举办的活动，集体旅游，购置体育设施。

金融性福利。为员工购买住房提供的低息贷款。

其他生活性福利。直接提供的工作服。

企业补充保险与商业保险。补充保险包括补充养老保险、补充医疗保险等。

2）非经济性福利。企业提供的非经济性福利，基本目的在于全面改善员工的“工作生活质量”。这类福利形式包括以下项目：

咨询性服务。比如，免费提供法律咨询和员工心理健康咨询等。

保护性服务。平等就业权利保护、隐私权保护等。

工作环境保护。比如，实行弹性工作时间、缩短工作时间、员工参与民主化管理等。

第七章

决策工具优化

——活用分析工具，保障企业稳健发展

SWOT 分析：显著的结构性和系统化

SWOT 分析法，又叫做态势分析法。20 世纪 80 年代初，旧金山大学的管理学教授提出了这个概念。使用这种方法，可以对企业的现实情况进行客观、准确的分析和研究。

所谓 SWOT 分析法，是把组织内外环境所形成的优势（Strengths）、劣势（Weaknesses）、机会（Opportunities）、风险（Threats）4 个方面的情况结合起来统一进行分析，然后找到制定适合组织实际情况的经营战略和策略。

1. 初级 SWOT 分析

所谓初级 SWOT 分析是指，只涉及为数很少的内外部宏观因素的分析。如果店铺只有你一个人，那就只有你一人来做 SWOT 分析。对于中小企业来说，SWOT 分析组的人员可以由所有能参与意见的人组成；对于大公司来说，主要由与业务有关的人员和某些领域的顾问、专家、市场咨询人员组成。做初级 SWOT 分析，需要做这样一个基本表格。

这个表格浅显易懂，只要逐项填写就行了。但是，不论 SWOT 分析有多么简单，填写被分析的项目时都要遵循以下原则：

（1）优势

要想一想，自己公司在哪方面做得好？和竞争对手相比，在哪些方面做得更好？然后，实事求是地将相关的内容都填写进去。

表 7－1　　初级 SWOT 分析（自己公司 VS. 竞争公司）

	自己公司	竞争公司
优势		
劣势		
机会		
挑战		

（2）劣势

分析一下，自己公司哪些方面做得不如人家？尤其要仔细分析一下，客户经常投诉的地方、公司目前不能向竞争者提供的服务或产品、自己公司不能提供的销售服务、公司销售队伍哪些方面没有得到充分的满足等。

（3）机会

找出公司的潜在优势，为公司赢得机会。同时，要评估一下，未来是否有潜在机会出现。最关键的是，找一找有没有自己现在能做而竞争对手有还没有做的领域。

（4）挑战

看一看，公司内外有没有潜在的可能破坏公司业务的因素。比如，公司内部是否存在财务、发展、人员方面的问题？公司的竞争对手是否越来越强大？公司的优势是否有变成劣势的趋势和可能性？

将相关的内容填写好后，就可以将自己和竞争者进行一下粗略的定性或定量比较，然后得出结论就行了。

2. 高级 SWOT 分析

为了说明 SWOT 分析是如何进行，我们来举个例子。

有家餐饮公司发现，保健品市场是个不错的投资对象，打算做一个知名保健品的独家代理。该公司作出了两张表格（见表 7－2、表 7－3）做了比较详细的 SWOT 分析：

表 7－2　　高级 SWOT 分析（自己公司）

	自己公司			
	项目	评判内容	分值/权重	总分值/总权重
优势	内部因素	公司相关人员有信心、感兴趣、热情高	1/5	16/27
		资金实力强	3/4	
		对该产品的销售前景有充分的市场调研和策划	2/5	
		公司管理好	4/4	
		可以招到现成的销售队伍	2/4	
		有一定的近似产品的客户群	4/5	
劣势	内部因素	没有保健品营销经验，更没有该产品销售经验	3/4	14/27
		对保健品产业发展前景预测不够	1/5	
		还没有找到理想的广告和媒体宣传渠道	2/4	
		公司所处地理位置不是很方便	3/5	
		尚没有确定非常合适的销售队伍	2/4	
		对销售该产品的财务方面有技术性问题	3/5	
机会	外部环境	同行业得到政府的扶植，我单位和政府主管关系良好	4/5	20/27
		融资渠道多，多家金融机构愿意支持	2/3	
		有实力的销售伙伴愿意合作	4/6	
		大环境较好、同行业竞争者实力不足	3/3	
		本地区生活水平普遍提高，支付能力强	4/6	
		消费者对使用保健品表现出浓厚的兴趣	3/4	
挑战	外部环境	销售量大增后会受到竞争者的打压	3/5	14/33
		整个国家经济形势前景难测	4/4	
		库房、交通运输工具等基础设施是否满足长远发展	2/5	
		竞争对手可能不断地增加，可能有更多有实力的商家强占该地区保健品市场	1/4	
		国家和地方法规的不确定性	2/5	
		可能会受到很多消费者的投诉及政府部门或社会团体的质疑	2/4	

表 7－3 高级 SWOT 分析（竞争公司）

	竞争公司			
	项目	评判内容	分值/权重	总分值/总权重
优势	内部因素	公司相关人员有信心、感兴趣、热情高	1/5	15/27
		资金实力强	2/4	
		对该产品的销售前景有充分的市场调研和策划	2/5	
		公司管理好	4/4	
		可以招到现成的销售队伍	2/4	
		有一定的近似产品的客户群	4/5	
劣势	内部因素	没有保健品营销经验，更没有该产品销售经验	2/4	12/27
		对保健品产业发展前景预测不够	1/5	
		还没有找到理想的广告和媒体宣传渠道	2/4	
		公司所处地理位置不是很方便	2/5	
		尚没有确定非常合适的销售队伍	2/4	
		对销售该产品的财务方面有技术性问题	3/5	
机会	外部环境	同行业得到政府的扶植，我单位和政府主管关系良好	3/5	18/27
		融资渠道多，多家金融机构愿意支持	2/3	
		有实力的销售伙伴愿意合作	4/6	
		大环境较好、同行业竞争者实力不足	2/3	
		本地区生活水平普遍提高，支付能力强	4/6	
		消费者对使用保健品表现出浓厚的兴趣	3/4	
挑战	外部环境	销售量大增后会受到竞争者的打压	4/5	12/33
		整个国家经济形势前景难测	3/4	
		库房、交通运输工具等基础设施是否满足长远发展	1/5	
		竞争对手可能不断地增加，可能有更多有实力的商家强占该地区保健品市场	1/4	
		国家和地方法规的不确定性	1/5	
		可能会受到很多消费者的投诉及政府部门或社会团体的质疑	2/4	

显而易见，两张表格内的分析因素完全一样，而且每个因素的基本分数（权重）也是完全一致的。通过这两个表格不难发现，相对于SWOT分析法来说，这两个表格分析的项目更加详细。两个表格都对每一个因素进行了打分，这种定量分析有着很重要的意义。

其实，高级SWOT分析的核心就是通过浅显的定量分析，来看企业是否具有这方面投资的比较优势。只要企业的比较优势明显，即使某一行业竞争激烈，也可以考虑拓展这一业务。

PEST分析：宏观环境分析方法

所谓PEST分析，是指宏观环境的分析。其中“P”指的是政治（Political System），“E”指的是经济（Economic），“S”指的是社会（Social），“T”指的是技术（Technological）。在对企业背景进行分析的时候，通常都是通过这四个因素来对企业所面临的状况进行分析的。

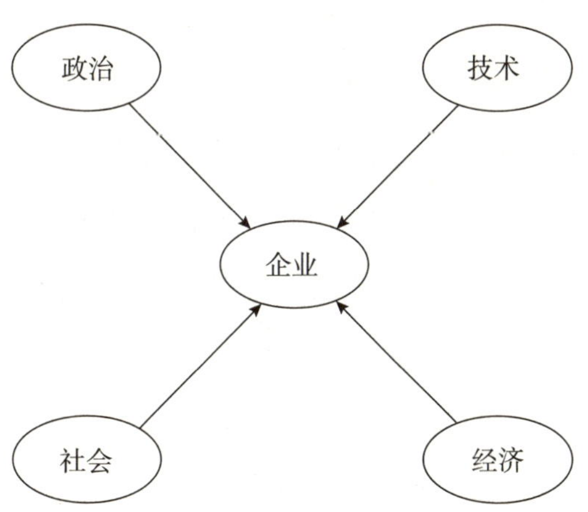

这里有一个典型的PEST分析（见表7－4）：

表7－4　　典型的PEST分析

政治（包括法律）	经济	社会	技术
环保制度	经济增长	收入分布	政府研究开支
税收政策	利率与货币政策	人口统计、人口增长率与年龄分布	产业技术关注
国际贸易章程与限制	政府开支	劳动力与社会流动性	新型发明与技术发展
合同执行法、消费者保护法	失业政策	生活方式变革	技术转让率
雇用法律	征税	职业与休闲态度企业家精神	技术更新速度与生命周期
政府组织/态度	汇率	教育	能源利用与成本
竞争规则	通货膨胀率	潮流与风尚	信息技术变革
政治稳定性	商业周期的所处阶段	健康意识、社会福利及安全感	互联网的变革
安全规定	消费者信心	生活条件	移动技术变革

（1）政治法律环境（Political Factors）

这里的政治环境，主要包括一个国家的社会制度、执政党的性质、政府的方针政策等。不同的国家有着不同的社会性质，不同的社会制度对组织活动有着不同的限制和要求，即使社会制度不变的同一国家，在不同时期，由于执政党的不同，其政府的方针特点、政策倾向对组织活动的态度和影响也是不一样的。

（2）经济环境（Economic Factors）

经济环境主要包括两方面的内容：宏观经济环境和微观经济

环境。

其中，宏观经济环境主要指一个国家的人口数量及其增长趋势，国民收入、国民生产总值及其变化情况，以及通过这些指标反映出来的国民经济发展水平和发展速度。

微观经济环境主要是指企业所在地区或所服务地区的消费者的收入水平、消费偏好、储蓄情况、就业程度等因素。这些因素对企业目前及未来的市场大小起着决定性的作用。

（3）社会文化环境（Sociocultural Factors）

社会文化环境，主要包括一个国家或地区的居民教育程度和文化水平、宗教信仰、风俗习惯、审美观点、价值观念等。

这些因素都会对居民的生活产生重要的影响，比如，文化水平会对居民的需求层次造成影响；宗教信仰和风俗习惯会对某些活动的进行产生禁止和抵制作用；价值观念会影响居民对组织目标、组织活动，以及组织存在本身的认可与否；审美观点则会影响人们对组织活动内容、活动方式，以及活动成果的态度。

（4）技术环境（Technological Factors）

这里的技术环境，不仅包括与企业所处领域的活动直接相关的技术手段的发展变化，还包括这样一些内容：国家对科技开发的投资和支持重点、该领域的技术发展动态和研究开发费用总额、技术转移和技术商品化速度、专利及其保护情况等。

波特模型：战略制定五力分析

20 世纪 80 年代初，迈克尔·波特（Michael Porter）提出了五力分析模型，对企业战略的制定产生了全球性的深远影响。使用这种分析方法，可以对客户的竞争环境进行有效的分析。

这里的“五力”指的是：供应商的讨价还价能力、购买者的讨价还价能力、潜在竞争者进入的能力、替代品的替代能力、行业内竞争者现在的竞争能力。如果企业缺少吸引力，这五种力量的组合就会降低行业的整体利润水平。一个缺少吸引力的行业则意味着，该行业中的厂商利润率趋近于“0”。

1962 年，菲尔·耐特首创了耐克公司，当时命名为“蓝丝带体育”。20 世纪 70 年代，正式更名为“耐克”。1980 年，耐克占有了约 50% 的美国市场份额。从那时起，耐克实行了积极进取的市场活动，和顶级运动员签约，创造了“只管去做(Just Do It)”这一口号。

耐克将自己的运动鞋定位为具有创新设计与技术、高价位的高品质产品，凭借丰富的产品类型以及杰出的设计，2000 年耐克占据了超过 39% 的美国运动鞋市场，几乎是阿迪达斯市场份额的两倍。从 20 世纪 70 年代开始，耐克就从一家产品导向的公司逐渐转变为一家市场导向的公司。

耐克的运营是在全球范围内进行的，他们通常会在公司内部设计出高技术和高品质的产品，然后在低成本的国家生产，最后成功地通过营销建立起作为青少年亚文化标志的品牌。

耐克有着独特的资源，如专利产品和商标、品牌声誉、公司文化和公司独特的人力资产。耐克是如何在其资源和实力的基础上发展成竞争优势的呢？现在我们就通过生产、销售、市场营销等几个方面对它的价值链进行分析：

1. 生产

从20世纪70年代以后，耐克便把制造环节外包给了很多亚洲国家。外包，不仅让耐克获得了廉价的劳动力，还从供应商那里得到了大量的折扣。最重要是，使顾客能更快地从市场上获得新产品，减少了资本投入的风险。

2. 销售

现在，耐克一共有三种销售渠道：零售商、耐克城和电子商务。耐克城建立于20世纪90年代，主要用来展示耐克最新或最具创意的产品系列，主要是在主干道上做广告。

（1）耐克城，与其说是一个销售渠道，不如说是一个营销手段。

（2）电子商务，20世纪90年代耐克开始涉足电子商务。耐克允许其他网络公司销售其产品。电子商务策略重新连接了耐克与消费者之间的联系。

3. 市场营销

在20世纪八九十年代，很多人都崇拜专业运动员，耐克投入了大量的资金，请成功的、富有魅力的知名运动员为产品代言。例如，当迈克·乔丹加入耐克团队的时候，“像迈克一样”就切合了人们对迈克·乔丹仰慕之情。

1999年乔丹退役时，由于没有一个运动员可以代替乔丹的位置，耐克便搞了一个“Nike Play”的新活动。这个活动，主要由展示个人成就、鼓励所有人参与的系列短片组成。

由此可见，市场策略要随着消费者的喜好来发生改变。对市场变化作出快速反应，正是耐克在鞋类市场保持核心竞争力的制胜法宝。

GE 矩阵：吸引力和实力分析

GE 矩阵法，又称通用电器公司法、麦肯锡矩阵法、九盒矩阵法、行业吸引力矩阵法。使用这种方法，不仅可以根据公司在市场上的实力和所在市场的吸引力对这些公司进行评估，也可以对公司的强项和弱点作出判断。在需要对产业吸引力和业务实力作广义而灵活的定义时，可以以 GE 矩阵为基础进行战略规划。

绘制 GE 矩阵，首先需要找出外部（行业吸引力）和内部（企业竞争力）因素，然后对各因素加权，得出衡量内部因素和市场吸引力外部因素的标准。

1. 选择重要因素

选择要评估业务（或产品）的企业竞争实力和市场吸引力所需的重要因素，在 GE 内部，分别称为内部因素和外部因素，下面列出的是经常考虑的一些因素（见下图）：

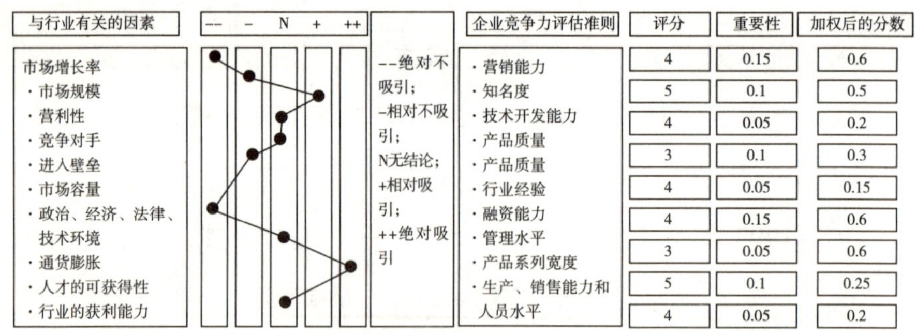

确定这些因素的时候，可以采用的方法有：头脑风暴法或名义群体法。最好不要漏掉其中的关键因素，更不能将微不足道的因素纳入分析。

2. 对内部因素和外部因素的影响进行评测

（1）对外部因素的影响进行评测

如果一因素对所有竞争对手的影响相似，则对其影响做总体评估；若一因素对不同竞争者有不同影响，可以对它对自己业务的影响和它对重要竞争对手的影响进行比较。

在这里可以采取五级评分标准：

1 = 毫无吸引力

2 = 没有吸引力

3 = 中性影响

4 = 有吸引力

5 = 极有吸引力

（2）对内部因素的影响进行评测

使用五级标准对内部因素进行类似的评分：

1 = 极度竞争劣势

2 = 竞争劣势

3 = 同竞争对手持平

4 = 竞争优势

5 = 极度竞争优势

在这一部分，要选择一个强有力的竞争对手做对比。具体的方法是：首先，确定内外部影响的因素，并确定其权重；其次，根据产业状况和企业状况定出产业吸引力因素和企业竞争力因素的级数（五级）；最后，用权重乘以级数，得出每个因素的加权数，并汇总，得到整个产业吸引力的加权值。

3. 对外部因素和内部因素的重要性进行估测

为了得出衡量实力和吸引力的简易标准，要对外部因素和内部因素的重要性进行评估。可以选择的方法有两种：定性和定量。

（1）定性法

审阅并讨论内外部因素，以在第二步中打的分数为基础，按照强、中、弱三个等级来评定该战略事业单位的实力和产业吸引力如何。

（2）定量法

将内外部因素分列，分别对其进行加权，使所有因素的加权系数总和为1；然后用其在第二步中的得分乘以其权重系数，再分别相加，就得到所评估的战略事业单位在实力和吸引力方面的得分。

4. 将该战略用在企业 GE 矩阵上

矩阵坐标横轴代表产业吸引力，纵轴代表业务实力，每条轴上用两条线将数轴划为三部分，这样坐标就成了一幅网格图。两坐标轴的刻度可以为高、中、低，或1～5。根据战略利益关注，对其他企业或竞争对手也可以做同样的分析。

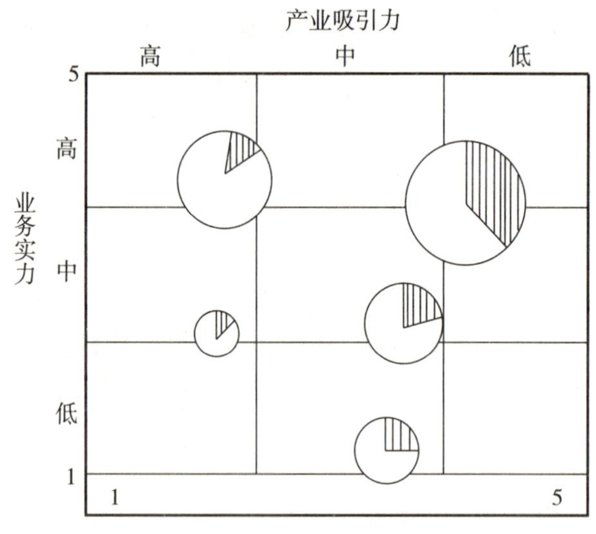

另外，在图上标示业务组合位于不同市场或产业的战略单位时，可以用圆来表示各企业的单位。图中，圆面积的大小与相应单位的销售规模成正比，而阴影扇形的面积代表了其市场份额。这样，GE矩阵就可以提供更多的信息了。

BCG 矩阵：企业产品组合分析

波士顿矩阵是由美国大型商业咨询公司——波士顿咨询集团首创的一种规划企业产品组合的方法，主要是为了使企业的产品品种及其结构适合市场需求的变化，促进企业生产；同时，将企业有限的资源有效地分配到合理的产品结构中去，保证企业收益，这是企业在激烈竞争中取胜的关键。

波士顿矩阵对于企业产品所处的四个象限具有不同的定义和相应的战略对策（见表7－5）：

表7－5　四个象限的定义和相应的战略对策

象　限	定　义	战略对策
明星产品	指的是处于高增长率、高市场占有率象限内的产品群，这类产品可能成为企业的现金牛产品，要加大投资支持其迅速发展	采用发展战略，积极扩大经济规模和市场机会，以长远利益为目标，提高市场占有率，加强竞争地位
现金牛产品	又称厚利产品，是企业回收资金、支持其他产品，尤其是明星产品投资的后盾	这一象限内的大多数产品，市场占有率呈现下跌趋势，可采用收获战略，即所投入资源以达到短期收益最大化为限。对于这一象限内的销售增长率仍有所增长的产品，要进一步进行市场细分，维持现存市场增长率或延缓其下降速度

续 表

象 限	定 义	战略对策
问号产品	一种处于高增长率、低市场占有率象限内的产品群。前者说明市场机会大、前景好，后者则说明在市场营销上存在问题。财务特点是利润率较低，所需资金不足，负债比率高	对问题产品应采取选择性投资战略，即首先确定对该象限中那些经过改进可能会成为明星的产品进行重点投资，提高市场占有率，使之转变成“明星产品”；对其他将来有希望成为明星的产品在一段时期内采取扶持的对策
瘦狗产品	也称衰退类产品，是处在低增长率、低市场占有率象限内的产品群。其财务特点是利润率低、处于保本或亏损状态，负债比率高，无法为企业带来收益	对这类产品要采用撤退战略，首先，应减少批量，逐渐撤退，对那些销售增长率和市场占有率均极低的产品应立即淘汰；其次，要将剩余资源向其他产品转移；最后，要整顿产品系列，最好将瘦狗产品与其他事业部合并，统一管理

按照波士顿矩阵的原理，一方面，产品市场占有率越高，创造利润的能力越大；另一方面，销售增长率越高，为了维持其增长及扩大市场占有率所需的资金亦越多。

按照产品在象限内的位置及移动趋势的划分，形成了波士顿矩阵的基本应用法则。

(1) 成功的月牙环

在企业所从事的事业领域内各种产品的分布若显示月牙环形，这是成功企业的象征。

赢利大的产品不止一个，而且这些产品的销售收入都比较多，还有不少明星产品，问题产品和瘦狗产品的销售量都很少。如果产品结构分布散乱，说明企业内的产品结构还没有规划好，企业业绩比较差。这时，就要区别不同产品，采取不同的策略。

（2）黑球失败法则

如果在现金牛区域内一个产品都没有，或者即使有，其销售收入也几乎近于零，可以用一个大黑球表示。这种状况表示，企业没有任何赢利大的产品，应当对现有产品结构进行撤退、缩小的战略调整，逐渐向其他事业渗透，开发新的事业。

（3）西北方向大吉

企业产品在四个象限中的分布越是集中于西北方，则该企业的产品结构中明星产品越多，越有发展潜力；相反，产品的分布如果集中在西南角，就说明瘦狗类产品数量大，企业产品结构衰退，经营不成功。

（4）踊跃移动速度法则

从每个产品的发展过程及趋势看，产品的销售增长率越高，为维持其持续增长所需资金量也就相对越高；而市场占有率越大，创造利润的能力也就越大，持续时间也就相对长一些。如果某一产品从问题产品变成现金牛产品的移动速度太快，说明其在高投资与高利润率的明星区域的时间很短，对企业提供利润的可能性及持续时间都不会太长，贡献也不会太大；反之，如果产品发展太慢，在某一象限内停留时间过长，则该产品也会很快被淘汰。

在使用这种方法的时候，企业经营者要通过四象限法的分析，掌握产品结构的现状，并对未来市场的变化进行有效预测，进而有效地、合理地分配企业经营资源。

4C 分析：以消费者需求为导向的营销分析

4C 理论是由美国营销专家劳特朋教授在 1990 年提出的，它以消费者需求为导向，重新设定了市场营销组合的四个基本要素：消费者（Consumer）、成本（Cost）、便利（Convenience）和沟通（Communication）。按照这种理论，企业要把追求顾客满意放在第一位，要努力降低顾客的购买成本，充分注意顾客购买过程中的便利性，以消费者为中心实施有效的营销沟通。

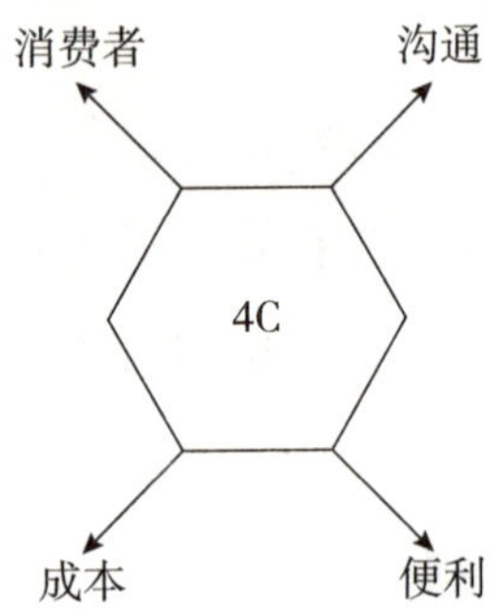

（1）顾客（Customer）

这里的顾客，是指顾客的需求。企业必须首先了解和研究顾客，根据顾客的需求提供相应的产品。同时，企业提供的不仅仅是产品和服务，更要提供由此产生的客户价值。

（2）成本（Cost）

这里的成本，不仅是指企业的生产成本，还包括顾客的购买成本。顾客的购买成本不仅包括其货币支出，还包括其为此耗费的时间、体力和精力，以及购买风险等。

（3）便利（Convenience）

所谓便利，就是要为顾客提供最大的购物和使用便利。企业在制订分销策略时，要更多地考虑一下顾客的方便，而不是只顾企业自己方便。便利是客户价值不可或缺的一部分。

（4）沟通（Communication）

4C 营销理论认为，企业要和顾客进行积极有效的双向沟通，建立起一种新型的企业/顾客关系，在双方的沟通中找到同时实现各自目标的途径。

在4C理念的指导下，各家企业纷纷加大了对市场和消费者的关注，与顾客建立了一种更为密切的关系。

太太药业之所以能够取得成功就在于，贴心的广告打动了成千上万个女性消费者。

从太太口服液的“十足女人味”“做女人真好”，到静心口服液的“女人更年要静心”，都是我国保健品广告的经典之作。太太口服液之所以能想出贴心的广告创意，主要就是因为太太药业在进行营销活动时是以顾客为中心的。

太太口服液是在1993年进入市场的。当时，我国职业妇女正不断增多，这一消费群时尚、注重外表，太太药业把产品定位为养颜、打造魅力女性，这一新鲜诉求立即引起了职业女性的注意。

1999年，太太药业推出了第二种保健产品——静心口服液。针对中年女性的生理特征，在广告中强调关怀和理解，契合了目标消费群的心理需求，取得了极大的成功。

4R分析：以客户关系为核心的营销分析

21世纪伊始，《4R营销》的作者艾略特·艾登伯格提出4R营销理论。4R理论以关系营销为核心，重点在于建立顾客忠诚。

这本书中阐述了4个全新的营销组合要素：关联（Relevancy）、反应（Reaction）、关系（Relationship）和报酬（Reward），简称

"4R"理论。

（1）关联（Relevancy）

企业与顾客是一个命运共同体，建立并发展与顾客之间的长期关系是企业经营的核心理念和最重要的内容。

（2）反应（Reaction）

在相互影响的市场中，对经营者来说，最现实的问题不在于如何控制、制订和实施计划，而在于如何站在顾客的角度及时倾听和测性，将商业模式变成高度回应需求的商业模式。

（3）关系（Relationship）

今天，企业与客户的关系已经发生了质的变化，如何抢占市场?关键是要与顾客建立长期而稳固的关系。与之相适应，要出现5个转变。

1）从一次性交易转向强调建立长期友好合作关系。

2）从着眼于短期利益转向重视长期利益。

3）从顾客被动适应企业单一销售转向顾客主动参与到生产过程中来。

4）从相互的利益冲突转向共同的和谐发展。

5）从管理营销组合转向管理企业与顾客的互动关系。

（4）报酬（Reward）

任何交易与合作关系的巩固和发展，都是一种经济利益问题。因此，合理的回报既是正确处理营销活动中各种矛盾的出发点，也是营销的落脚点。

第一，在市场变化的动态中，企业要和顾客建立长久互动的关系，留住顾客，赢得长期而稳定的市场；

第二，面对迅速变化的顾客需求，企业要学会倾听顾客的意见，及时寻找、发现和挖掘顾客的渴望与不满；

第三，企业要建立一套快速反应机制，应对市场的变化；

第四，企业与顾客之间要建立长期稳定的朋友关系，实现对顾客的责任与承诺，维持顾客的忠诚；

第五，企业要追求市场回报。

这种理论根据市场不断成熟和竞争日趋激烈的形势，着眼于企业与顾客互动与双赢，不仅积极地适应顾客的需求，而且主动地创造需求，通过关联、关系、反应等形式与客户形成了独特的关系，把企业与客户紧密地联系在一起，形成了竞争优势。

今天，很多企业都意识到了建立稳定的顾客关系和顾客忠诚的重要性。研究发现，重复购买的顾客可以为公司带来25%～85%的利润，固定客户数每增长5%，企业利润就会增加25%。

建立顾客关系的方式有多种多样，各个商家都使出了浑身解数。

有些企业频繁制订营销计划，建立了与顾客的长期关系。例如，汇丰银行、花旗银行通过其信用证设备与航空公司开发了“里程项目”计划，按累计的飞行里程达到一定标准之后，共同奖励那些经常乘坐飞机的顾客。

有些企业设立了高度的顾客满意目标，如果顾客对企业的产品或服务不满意，企业承诺给予顾客合理的补偿。例如，印尼的Sempati航空公司保证，他们的飞机每延误一分钟，将向顾客返还1000印尼盾的现金。

为了发展客户关系，有些企业建立了稳定的顾客组织。例如，日本资生堂化妆品公司吸收了1000万名成员参加资生堂俱乐部，发放会员优惠卡，定期发放美容时尚杂志等。

6S 分析：管理制度分析

6S 分析法起源于日本，就是要通过规范现场、现物，营造一目了然的卖场环境，让员工养成良好的工作习惯，不断提升个人品质。具体来说，6S 就是整理（Seiri）、整顿（Seiton）、清扫（Seiso）、清洁（Seiketsu）、素养（Shitsuke）、安全（Security）6 个项目，由于都是以“S”开头的，故简称为“6S”。

（1）整理（Seiri）

将工作场所的所有物品区分为有必要的和没有必要的，将有必要的留下来，其他的都去除掉。

目的：腾出空间，塑造清爽的工作场所。

（2）整顿（Seiton）

把留下来的必需物品摆放到规定位置，并加以标识。

目的：工作场所一目了然，消除寻找物品的时间；整齐的工作环境，减少积压物品。

（3）清扫（Seiso）

将工作场所所有的地方都清扫干净，营造干净、亮丽的环境。

目的：稳定品质，减少工业伤害。

（4）清洁（Seiketsu）

将整理、整顿、清扫进行到底，并制度化，使环境长期处于美观状态。

目的：创造明朗现场，维持 3S 成果。

（5）素养（Shitsuke）

员工要养成良好的习惯，培养主动工作的好习惯。

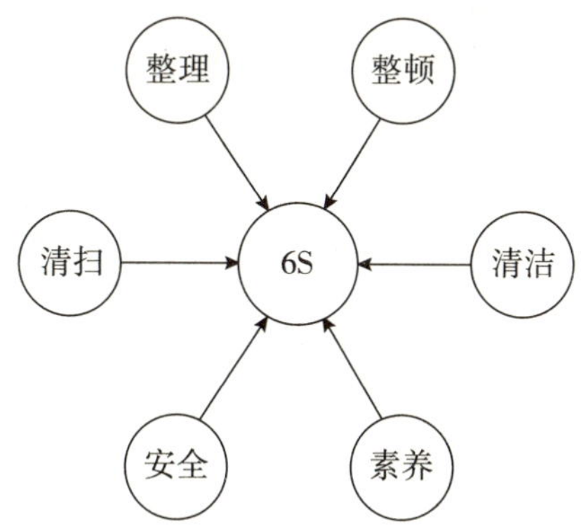

目的：培养有好习惯、遵守规则的员工，营造团队精神。

（6）安全（Security）

重视成员的安全教育，将安全放在第一位，防患于未然。

目的：建立一种安全生产的环境。

“6S”各要素之间是相互联系的，其中，整理、整顿、清扫是具体内容；清洁是指将前面的3S实施的做法制度化、规范化；素养是指培养每位员工养成良好的习惯，并遵守规则做事；安全是基础，要尊重生命，杜绝违章。六者缺一不可。